国家出版基金项目
NATIONAL PUBLICATION FOUNDATION

乡村电子商务丛书
主 编 李 琪

乡村互联网金融

帅青红 编著

中原农民出版社
·郑州·

图书在版编目（CIP）数据

乡村互联网金融 / 帅青红编著 .—郑州：中原农民出版社，2020.12
（乡村电子商务丛书 / 李琪主编）
ISBN 978-7-5542-2349-9

Ⅰ. ①乡… Ⅱ. ①帅… Ⅲ. ①互联网络—应用—农村金融—中国 Ⅳ. ①F832.35-39

中国版本图书馆CIP数据核字（2020）第225315号

乡村互联网金融
XIANGCUN HULIANWANG JINRONG

出 版 人：刘宏伟
选题策划：朱相师
责任编辑：肖攀锋
责任校对：尹春霞
责任印制：孙 瑞
装帧设计：杨 柳 薛 莲

出版发行：中原农民出版社
地址：郑州市郑东新区祥盛街 27 号 7 层 邮编：450016
电话：0371 — 65788655（编辑部） 0371 — 65788199（营销部）
经 销：全国新华书店
印 刷：河南省邮电印刷厂
开 本：710 mm×1010 mm 1/16
印 张：13.5
字 数：146 千字
版 次：2021 年 1 月第 1 版
印 次：2021 年 1 月第 1 次印刷
定 价：58.00 元

乡村电子商务丛书

编委会

本书作者

编　著　帅青红

总 序

为乡村振兴战略插上腾飞的翅膀

党的十九大报告中提出，要实施乡村振兴战略，促进农村一二三产业融合发展，拓宽增收渠道。随着“互联网 +”的兴起，乡村电子商务正逐渐成为农民增收致富的重要手段。电子商务（有时也简称“电商”）作为先进的生产力和生产方式正从城市走向农村，“电商扶贫”“上山下乡”取得了显著成就，带动了农村地区的经济发展，提高了农村居民生活水平和改善了农村生态环境。

多年来互联网技术的快速发展和电子商务的蓬勃兴起，正在重塑着城乡的经济社会发展面貌。尤其是对于乡村发展而言，对这种力量的需求更为迫切。广袤的农村蕴含着巨大的人力、资源富矿，需要的恰恰就是像淘宝、京东、拼多多等这样更能结合时代发展趋势的新平台、新方式。用科技改变农村面貌，尤其是深入触及乡村经济的结构化调整与升级，让农民摆脱单一的耕种生存模式，向现代化企业主、产业工人转型，成为近年来电子商务下乡热潮的驱动力。

首先，电子商务下乡不仅是经济层面的创新，更涉及其他宏观层面，例如对农村社会化、组织化建设的推动。这些年来，农民大多是一家一户在自己的田地上耕作，而广大“新农人”往往与地方政府联动，从当地优势产业发展出发，主打几类重点产品。由于乡村“新农人”背后连接着天猫和淘宝等电子商务平台，通过大数据、用户画像等路径，能够更为精准地了解用户需求，甚至根据数据曲线预判来年消费者需求变化，如此一来，各个“淘宝村”的农民就可以集中资源，按照需求与订单来提供对应农产品及其他产品。不少“新农人”已经发展成为中小企业管理者，可以整合其他农民的资金、土地、产品等，对内把控质量，对外树立品牌，统一产品输出。碎片化的农村单元逐渐发展成为组织化、系统化的中、小、微型企业运作，农民的角色和意识都实现了跨越式转型发展。

其次，电子商务下乡带来的是农村公共服务的现代化。城乡二元制的一大难题是农村公共资源配给少、层次不高。而乡村基层干部可调配的资源有限，不能为农民提供相匹配的公共服务。近年来，不少地方通过推动电子商务下乡工程，不仅为农民带来了新的创收途径，也在与电子商务的协同中实现了管理和服务的创新。比如更多农村干部逐步掌握了互联网知识，并向所在乡村农民普及互联网开放、平等、自由、共享的精神，以及以客户为中心的服务模式，开始贯穿到乡村的日常运转中，提高效能，以农民所需为本，一手抓现有资源聚合释能，一手抓从县乡政府到村委会的组织体制改革，最终形成了堪比城市的公共服务理念和绩效。

在国家政策的大力支持下，我国乡村电子商务发展迅猛，正在深刻改变着传统农产品流通方式，成为加快转变农业发展方式，完善农产品市场机制，推动农业、农村信息化发展的新动力，对发展现代农业、繁荣乡村经济、改善城乡居民生活的作用日益凸显。同时，由于多种原因，我国乡村电子商务发展仍处在初级阶段，面临着基础设施条件差，农产品标准化程度低、流通体系不完整、市场秩序不规范、诚信体系不健全、配套政策不完善等困难和问题，亟须提高认识，提出对策，采取有效措施切实加以解决。为此，我们专门组织策划了“乡村电子商务丛书”，以问题为导向，深层次、全方位地阐述乡村电子商务在我国乡村振兴战略实施进程中应当发挥的更加积极的作用，为乡村振兴战略顺利实施插上腾飞的翅膀。

“乡村电子商务丛书”第一辑的内容涵盖了《县域电子商务干部读本》《乡村互联网金融》《乡村电子商务概论》《大学生村官电子商务》《邮政乡村电子商务》《农产品电子商务》《种植养殖业电子商务》《乡村旅游电子商务》《乡村电子商务实务》共计9卷。“乡村电子商务丛书”的撰写汇聚了国内相关领域的权威专家和学者，历时两年多完成初稿，获得了2019年度国家出版基金的资助，经专家委员会论证、修改、完善，最后由中原农民出版社审定出版。

“乡村电子商务丛书”的出版能够进一步梳理我国乡村电子商务发展的轨迹，总结乡村电子商务发展经验，探讨乡村电子商务形成规律，整理乡村电子商务发展模式，发现和探讨乡村电子商务存在的问题，推动我国乡村电子商务高质量发展，助力乡村振兴战略顺利实施！

“乡村电子商务丛书”可积极参与国家电子商务专业技术人才知识更新工程，开展新型农业经营主体培训，让专业大户、家庭农场、农民合作社等新型农业经营主体、高素质农民和农业企业负责人掌握农产品和农业生产资料网上经营策略和技巧，为培养一批有理论和实践能力的乡村电子商务人才和切实提高新型农业经营主体电子商务应用能力提供智力支持。该丛书采用彩色印刷，图文并茂，配置了模块化阅读内容，让读者在轻松阅读的基础上快速、便捷地掌握乡村电子商务专业知识，进而服务于产业、生产、经营等现代农业体系。

教育部电子商务类专业教学指导委员会副主任委员
中国信息经济学会副理事长、电子商务专业委员会主任
西安交通大学经济与金融学院教授

2020 年 12 月

前　言

互联网金融，是传统金融机构与互联网企业利用互联网技术和信息通信技术，实现资金融通、支付、投资和信息中介服务的新型金融业务模式。金融与互联网深度融合，能降低金融机构的服务成本，提升金融机构的创新效率，促进互联网金融行业快速发展。互联网与金融深度融合是大势所趋，将对金融产品、业务、组织、服务、管理等方面产生深刻的影响。

互联网技术与金融模式的融合发展，将使金融业更有效地服务用户、贡献社会、服务于实体经济。目前互联网金融的主要形态有互联网支付（第三方支付）、P2P 网络借贷、股权众筹融资、互联网基金销售、互联网保险、互联网信托和互联网消费金融等。在城市和乡村，互联网金融的创新服务，都在慢慢改变着人们的生活习惯，改善着人们的生活质量。

以电子商务为代表的互联网新经济正逐步成为我国国民经济发展的“新引擎”，并发挥着越来越大的作用。乡村振兴作为“三农”问题的聚焦点，在“三农”工作中被多次提到，党的十九大明确提出大力实施乡村振兴战略。乡村振兴离不开乡村经济的繁荣发展，而乡村电商的迅猛发展已成为有效激活乡村市场、创新农产品交易方式、推动农民增收、引导农业供给侧结构性改革、推动农村发展、助力乡村振兴战略的新引擎。电子商务信息流、资金流、物流三个环节中最重要的是资金流，互联网金融有力助推农村金融业发展，体现了绿色金融、普惠金融的理念。

金融是经济发展的核心，金融扶贫的主要阵地在县域和一些贫困地区，其特点是点多面广、交通不便，企业要在贫困地区发展，离不开金融机构的支持，但在这类地区开展业务，金融机构又面临成本高、收益低、风险大等难题。面对乡村金融的巨大需求，互联网金融可以发挥其优势，兼顾履行社会责任和金融可持续性原则，真正激活乡村内在发展潜能。

互联网金融的本质是金融，必须服务实体经济，服务广大农村市场；互联网金融的特色和生命力在于互联网。互联网公司、金融机构、农村电商企业的关系有了新的变化：从互利到深度融合，从合作到开放共享，并且聚焦创新红利，为新经济、新业态服务。让金融和互联网完美结合起来，服务乡村经济，是互联网金融机构未来发展之路。正如非金融支付机构（第三方支付）和银行在竞合中一起大大提升了中国零售支付的创新能力和服务水平，普惠城乡，满足了广大农村市场的需求，实现了对国际先进水平的弯道超车。在现有框架下，互联网金融机构与农村市场主体之间开放融合，发挥自身的比较优势，相互竞合，也一定能引领中国的农村金融行业不断创新发展，更加开放、高效和普惠。

本书从传统金融机构互联网化、互联网机构业务金融化两个视角出发，对现有的互联网金融业务与模式进行详细的分析与阐述。全书共分为六章，内容包括乡村互联网金融概述、传统金融机构互联网化、互联网业务金融化、基于互联网的P2P网络借贷、网络众筹、第三方支付。上述内容涵盖了互联网金融的各个方面，形成一个完整的体系。

本书由帅青红担任总撰稿人，负责拟定提纲、统筹协调各章节的内容和大部分写作工作，李忠俊、陈彩霞、李成林、彭岚参与部分章节的写作。研究生侯霁芝、郭笑雨、王靖鑫、门长钰、黎雨霞、唐瑞、杜前岩、徐盼龙、谢露、陈蕾、陈欣谊、孙团结、丁昭等参与了本书内容的讨论、修改、完善等工作。

在本书的撰写过程中，编者参考了许多中外研究者的文献和著作，阅览、借鉴了大量国内外的出版物与网上资料，或者由于文中体例限制而未加以注明，或者在参考文献中没有完全列出，在此谨向诸多学者、同仁表示由衷的敬意与感谢。

乡村互联网金融，与互联网一样，也是一个不断创新的领域，许多模式尚在发展和探讨之中，观点不同，体系有差异，在所难免。由于编者水平有限和这门新兴交叉课程内容新、范围广的特殊性，书中难免有不如意的地方。真诚地希望读者提出宝贵意见，也希望得到同行专家的批评与指正，以利于今后修订，进一步完善。

编著者

2020 年 3 月

目　录

Contents

第一章　乡村互联网金融概述 …… 1

第一节　互联网金融基本概念 …… 4

第二节　金融业务互联网化 …… 11

第三节　互联网业务金融化 …… 16

第二章　传统金融机构互联网化 …… 25

第一节　网上银行 …… 28

第二节　网上商城 …… 34

第三节　直销银行 …… 37

第四节　非银行金融机构互联网化 …… 42

第五节　金融业互联网化未来发展 …… 52

第三章　互联网业务金融化 …… 57

第一节　门户网站 …… 60

第二节　电子商务 …… 66

第三节　互联网金融 …… 74

第四节　未来发展 …… 80

第四章　基于互联网的 P2P 网络借贷 …… 91

第一节　国外典型的网络借贷 …… 94

第二节　国内网络借贷 …… 97

第三节　P2P 网络借贷的发展趋势 …… 113

第四节　P2P 融资与银行微贷对比 …… 115

第五章　网络众筹 …… 119

第一节　国外的众筹模式 …… 122

第二节　国内的众筹模式 …… 124

第三节　股权众筹 …… 135

第六章　第三方支付 …… 155

第一节　第三方支付概述 …… 157

第二节　第三方支付平台概况 …… 168

第三节　第三方支付模式与流程 …… 172

第四节　第三方支付平台举例 …… 191

第一章

乡村互联网金融概述

导读

互联网金融是一种基于互联网、大数据、云计算、移动通信、社交平台及搜索引擎等信息技术，实现资金融通、支付、结算等金融相关服务的金融业态。互联网金融是现有金融体系的进一步完善和普惠金融的重要内容，其表现形式既包括以互联网为主要业务载体的第三方支付、P2P 网贷、众筹等新兴金融业态，也包括持牌互联网金融机构及其设立的主要从事互联网金融相关业务的法人机构。互联网金融不是互联网和金融业的简单结合，而是以互联网时代的技术为基础，为适应新的需求而产生的新模式及新业务，是传统金融行业与互联网精神相结合的新兴领域。

知识架构

- 乡村互联网金融概述
  - 互联网金融基本概念
  - 金融业务互联网化
  - 互联网业务金融化

导入案例

《关于促进互联网金融健康发展的指导意见》①

2015年7月18日，为鼓励金融创新，促进互联网金融健康发展，明确监管责任，规范市场秩序，经党中央、国务院同意，中国人民银行、工业和信息化部、公安部、财政部、国家工商总局、国务院法制办、中国银行业监督管理委员会（银监会）、中国证券监督管理委员会（证监会）、中国保险监督管理委员会（保监会）、国家互联网信息办公室联合印发了《关于促进互联网金融健康发展的指导意见》（银发〔2015〕221号，以下简称《指导意见》）。

《指导意见》按照“鼓励创新、防范风险、趋利避害、健康发展”的总体要求，提出了一系列鼓励创新、支持互联网金融稳步发展的政策措施，积极鼓励互联网金融平台、产品和服务创新，鼓励从业机构相互合作，拓宽从业机构融资渠道，坚持简政放权和落实、完善财税政策，推动信用基础设施建设和配套服务体系建设。

《指导意见》按照“依法监管、适度监管、分类监管、协同监管、创新监管”的原则，确立了互联网金融的监管职责分工，在监管职责划分上，央行负责互联网支付业务的监督管理；银监会负责包括个体网络借贷和网络小额贷款在内的网络借贷以及互联网信托和互联网消费金融的监督管理；证监会负责股权众筹融资和互联网基金销售的监督管理；保监会负责互联网保险的监督管理。

《指导意见》坚持以市场为导向发展互联网金融，遵循服务好

①资料来源：中国人民银行网站 http://www.pbc.gov.cn。

实体经济、服从宏观调控和维护金融稳定的总体目标，切实保障消费者合法权益，维护公平竞争的市场秩序，在互联网行业管理，客户资金第三方存管制度，信息披露，风险提示和合格投资者制度，消费者权益保护，网络与信息安全，反洗钱和防范金融犯罪，加强互联网金融行业自律以及监管协调与数据统计监测等方面提出了具体要求。

第一节　互联网金融基本概念

一、互联网金融产生的基础

1. 发展空间

我国金融业市场化程度不高，在政府管制下，我国经济具有明显的金融抑制特征，民间资本规模庞大与企业融资困境现象并存，这为互联网金融的发展创造了空间。此外，由于近年来我国互联网产业竞争日趋激烈，为寻找新的利润发展空间，互联网巨头将目光投向了具有较高利润率与较大发展空间的金融业，创造性地利用互联网技术方面的优势来对金融产品进行包装与升级，满足了消费者的金融需求，互联网金融应运而生。

2. 发展根源

互联网行业与金融行业本身具有紧密的联系，彼此相匹配是互联网金融出现并蓬勃发展的内在动因。互联网金融丰富了金融的功能，实现了资金流与物流、信息流的高效整合与匹配。

3. 发展优势

互联网金融具有双边市场特征，互联网金融企业充分发挥平台的集群效应，利用网络技术撮合金融产品供需双方进行交易，促使资源更有效地配置。互联网金融模式下，平台经济服务金融市场的能力更强，通过大数据技术深入分析用户个体与群体的消费偏好，实现精准化营销，为客户提供个性化服务。

二、互联网金融的定义

2012 年 8 月，谢平在《互联网金融模式研究》中将互联网金融定义为：一种受互联网技术和精神的影响，从传统银行、证券、保险、交易所等金融中介到无中介瓦尔拉斯一般均衡之间的所有金融交易和组织形式。互联网金融的形式既不同于商业银行间接融资，也不同于资本市场直接融资。

2013 年 6 月，时任阿里巴巴集团董事局主席的马云在相关媒体发表文章称，未来的金融有两大机会：一个是金融互联网，即金融行业走向互联网；另一个是互联网金融，即纯粹的外行领导。传统金融行业需要搅局者，需要外行的人来进行变革。

2014 年 4 月，《中国金融稳定报告 (2014)》提出：互联网金融是互联网与金融的结合，是借助互联网和移动通信技术实现资金融通、支付和信息中介功能的新兴金融模式。其广义是指既包括作为非金融机构的互联网企业从事的金融业务，也包括金融机构通过互联网开展的业务；其狭义仅指互联网企业开展的、基于互联网技术的金融业务。

2015 年 7 月 18 日，《关于促进互联网金融健康发展的指导意见》指出：互联网金融是传统金融机构与互联网企业利用互联网技术和信息通信技术实现资金融通、支付、投资和信息中介服务的新型金融业务模式。互联网金融的主要业态包括互联网支付、网络借贷、股权众筹融资、互联网基金销售、互联网保险、互联网信托和互联网消费金融等。

从以上定义看，有些强调互联网金融的去中介化和新型金融业态的特征；有些认为互联网只是一种工具，为金融的发展提供支持；有些则关注互联网精神在金融中的应用。实际上，准确定义互联网金融是一件比较困难的事情。第一，不同的机构和个人会从不同的角度来理解互联网金融。与此同时，不同领域和不同模式的互联网金融既有共同点，又有差异，因此难以完全概括。第二，互联网金融及金融互联网是动态的、阶段性的概念，需要历史地去看待和评价。第三，严格意义上的互联网金融与金融互联网其实是一个链条的两端，现实世界的业态主要分布在中间状态，有些距离理想化的互联网金融更近一些，有些则更靠近金融互联网这一端，因此只能做一个大致的判断。

三、互联网金融的特点

1.信息的多维采集与深度运用

互联网金融采集使用了更多的信息——大数据。市场主体不是独立存在的，会与其他市场主体产生联系，如供货商、客户、银行等。通过互联网从多个侧面搜集这一市场主体的信息，通过信息的拼接对其有一个整体性的认识，进而获得该主体其他方面的信息。

互联网金融采用了新的信息处理方式——云计算。传统金融模式下，信息资源分散庞杂，数据难以有效处理和应用。互联网金融模式下，社交网络生成和传播信息，搜索引擎对信息进行组织、排序和检索，有针对性地满足信息需求。云计算可以提高海量信息的处理能力，将不对称、金字塔形的信息扁平化，实现数据的标准化和结构化，最终形成时间连续、动态变化的金融市场信息序列。

2. 去中介化

互联网金融模式下，资金的供求信息在互联网上发布，不仅供求双方能够凭借信息技术全面深入地掌握交易对象的交易信息，并据此找到合适的风险管理和分散工具，而且双方或多方交易可以同时进行，定价也可以完全竞争，最大化地提升资金配置效率，实现社会福利最大化。互联网金融本质上是直接融资，资金供求信息在网络上形成“充分交易可能性集合”，双方资金供求匹配成功后即可直接交易，在没有金融中介参与的情况下，高效解决资金融通问题。

3. 将传统金融机构后台化

以第三方支付为代表的互联网金融对银行等传统金融机构最大的冲击在于切断了银行和客户之间原来的直接联系。客户直接面对的将只是第三方支付机构，传统的银行账户、基金账户全部后台化。随着账户同一化趋势的发展，“账户为王”的时代即将到来，第三方支付账户可能会成为人们支付和消费的首要甚至是唯一入口，其他账户则全部隐藏在第三方支付账户的背后。

四、互联网金融的功能

1. 提供金融平台

通过互联网金融平台，客户可随意选择金融产品，足不出户就能完成支付、理财、贷款等金融服务，互联网金融通过网络为客户提供了便捷快速的平台。

2. 优化资源配置

互联网可以有效识别信用风险，并且还有效减少了市场中信息不对称的问题。因此，基于网络平台的金融更有利于金融资源配置功能的实现。

3. 方便支付和清算

在互联网金融模式下，可以进一步改善现行的以商业银行为主体的支付体系，更可以方便快捷地提供支付清算服务，大幅提升了金融的支付清算效率。互联网金融平台降低了交易者的清算成本，便于资金管理。汇总支付清算交易笔数而后进行轧差清算，降低了银行的清算成本，而其平台沉淀资金的变相垫资加快了某些支付清算行为的速度，是对当前支付清算体系的完善和补充。

4. 提供价格信息

互联网金融使价格信息更加准确、及时、丰富。随着互联网平台的引入，最大限度地提高了资金动员的能力和资金的使用效率，加快资金周转率，促进金融体系尤其是与传统商业银行的竞争，使得利率资金的价格更加及时、准确地反映资金的供给和需求，进而引导资金的合理流动。在互联网所创造出来的无边界交易平台上，厂商与消费者、厂商与厂商、消费者与消费者之间的竞价机制得到了极大的完善。

5. 分散风险

金融市场应该形成风险共担机制，金融机构的风险防控就是对在交易定价中的风险进行分散和转移。市场中存在信息不对称，如果不能对社会风险进行有效的防控，经济运行模式将无法正常运行。互联网金融利用其特殊的平台，收集并分析各企业用户的日常交易行为，判断他们的业务经营状况、经营信用情况、资金需求状况以及行业发展导向，解决了因无法掌握制度不健全的小企业的真实经济情况而造成的信息不对称问题，一定程度上降低和分散了道德风险和信用风险。

五、互联网金融的发展历程

互联网金融的发展可以从两个方面来分析：一是金融业务互联网化，二是互联网业务金融化。

关于金融业务互联网化，从图 1–1 中可以看到，最初的金融业务互联网化就是将传统的金融柜台服务扩展到线上来，其中典型的就是网上银行，另外电子银行、手机银行等都属于传统金融服务的互联网延伸的范围。后来随着技术及国内电子商务的迅速发展，传统金融机构开始涉足电子商务领域，建立网上商城，开展电子商务业务。近年来，伴随互联网技术特别是大数据、云计算等技术的快速发展，银行凭借已有的资源优势开展各种互联网金融业务，直销银行正是在这样的背景下发展起来的。金融机构从事网络货币交易及混业经营将会是传统金融机构未来的发展方向。

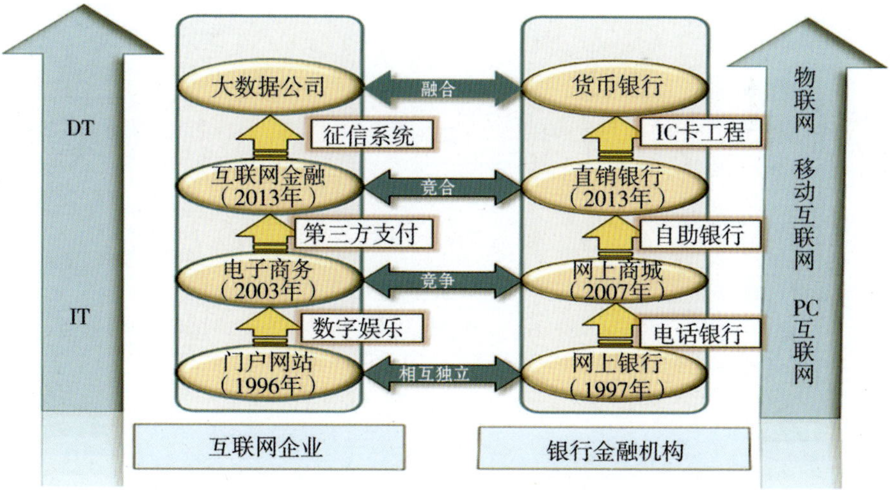

图 1–1　互联网金融发展架构

关于互联网业务金融化，从图 1–1 中可以看到，发展初期体现为门户网站，而后伴随国内电子商务的兴起，在激烈竞争中生存下来的门户网站开始转型并朝着电子商务方向发展。近年来，在互联网技术包括大数据、云计算等技术的带动下，各大电子商务公司积极把握发展趋势，利用既有的资源数据开展了互联网金融业务，比如第三方支付、P2P 网贷、众筹等。随着电子商务公司业务多元化的发展，大数据成为其主要的发展方向。

事实上，是否具备互联网精神、能否以客户需求为导向并注重客户体验等要素是互联网业务金融化与金融业务互联网化的本质区别。在互联网业务金融化方面，阿里金融是目前最接近理想化互联网业务金融化模式的一个样本。表 1–1 主要是结合阿里金融的实践来比较和分析互联网业务金融化与金融业务互联网化的差异。

表 1–1　互联网业务金融化与金融业务互联网化的比较

各方角度	比较项	互联网业务金融化	金融业务互联网化
企业的角度	经营理念	开放、共享的互联网理念	传统理念
企业的角度	组织架构	独立，多变	附属、分支，相对稳定
	交易金额与频率	金额小，频率高	金额大，频率低
	价格策略	免费、低价	相对高价
客户的角度	客户定位	开放、年轻的客户	稳健保守的客户
	客户体验	便捷、快速、互动	烦琐、缓慢、单向
技术与信息的角度	信息	对称、透明	不对称、不透明
	去中介化	去中介化	中介化
	新技术应用	快	慢
安全的角度	安全性	相对弱	相对强
	监管机制	相对薄弱，亟待完善	比较成熟

第二节　金融业务互联网化

一、金融业务互联网化的发展

金融业务互联网化就是将金融业务通过互联网来完成，在其发展历程中主要经历了四个阶段：网上银行、网上商城、直销银行和货币银行。这四个阶段映射着互联网发展的三个时代，即 PC 互联网时代、移动互联网时代和物联网时代。金融机构与互联网企业的结合越来越紧密，在物联网时代可能会融合在一起。互联网金融发展史见图 1–2。

图 1–2　互联网金融发展史

在20世纪90年代，互联网金融发展主要体现在金融机构把互联网作为技术支持，将银行业务从营业网点搬到了网上，但此时还没有出现真正的互联网金融形态。1995年世界上第一家网上银行在美国诞生，随后，世界各大银行紧随脚步，开展网上银行业务。1996年，中国银行开通网站并构建网上银行系统，这开启了中国网上银行发展的先河。1997年，招商银行推出了“一网通”业务，全面开展网上银行服务。随后，各家银行争先推出网银服务，至2002年年底，国有银行和股份制银行全部建立了网上银行。

随着金融业的互联网程度不断加深，我国金融业的互联网时代宣布到来。2005年之后，电子商务的迅速发展，第三方支付机构逐渐成长，网络借贷也开始萌芽，金融与互联网的结合开始从技术领域深入到金融领域。国内各大商业银行纷纷试水电商业务，建立网上商城，例如工商银行的融e购、招商银行的聚便宜、建设银行的善融商城等。

随着2013年9月18日北京银行与其境外战略合作伙伴荷兰国际集团深度合作产生了国内首家直销银行后，直销银行迅速崛起。2014年2月28日，民生银行直销银行也正式上线，随后，兴业银行、平安银行、浦发银行、华夏银行、上海银行、浙商银行、江苏银行等相继推出了直销银行业务，工商银行也于2015年2月9日正式上线了名为“工银融e行”的直销银行，目前包括城市商业银行、股份制商业银行及国有商业银行均已涉足。

二、金融业务互联网化的类型

1. 网上银行

在银行业、通信技术、互联网的飞速发展以及通信技术广泛应用于金融范畴的情势下，网上银行也就伴随而生。网上银行通过互联网提供包括传统银行业务和因信息技术应用带来的新兴业务，它不受时间、空间限制，使得人们感受到了前所未有的金融消费的多样性。

20 世纪末期，随着计算机的发展及应用，银行的经营方式出现了网络化趋势。第一家网上银行——美国安全第一网上银行问世。与此同时国内商业银行的发展也在悄然进行，中国银行于 1996 年开始筹建自己的网上银行，费时一年创立了独具自己特色的网站。此后我国各大商业银行纷纷效仿推出自己的网上银行业务及服务。

随着电子商务、互联网金融及网络经济的走强，网上银行交易量及规模出现平稳增长的局面。

与此同时，随着用户规模的扩大，用户量级的快速增长以及移动支付的迅猛发展，使得手机银行有更多的使用机会。据中国电子商务研究中心监测数据显示，2015 年手机银行交易额为 70.7 万亿元，同比大幅增长 122.75%。相比网上银行，手机银行存在一定的优势，这包括便于携带、可以方便获得用户所处的地理位置、便于分析用户的行为等。

2012 年 12 月至 2015 年 6 月我国网上银行用户规模见图 1–3，2012 年 12 月至 2015 年 3 月我国网上银行季度交易规模见图 1–4。

2. 网上商城

2006~2007 年，各大商业银行的官方网站上相继出现了“网上商城”板块。然而，那时的“网上商城”既不能在线下单，也不能浏览详情，仅仅提供了跳转至各大合作商户的外部链接。在相当长的一段时间内，银行商城算不上真正意义上的网上商城，而只是一个为维护企业客户关系提供企业商户免费展示的宣传窗口。

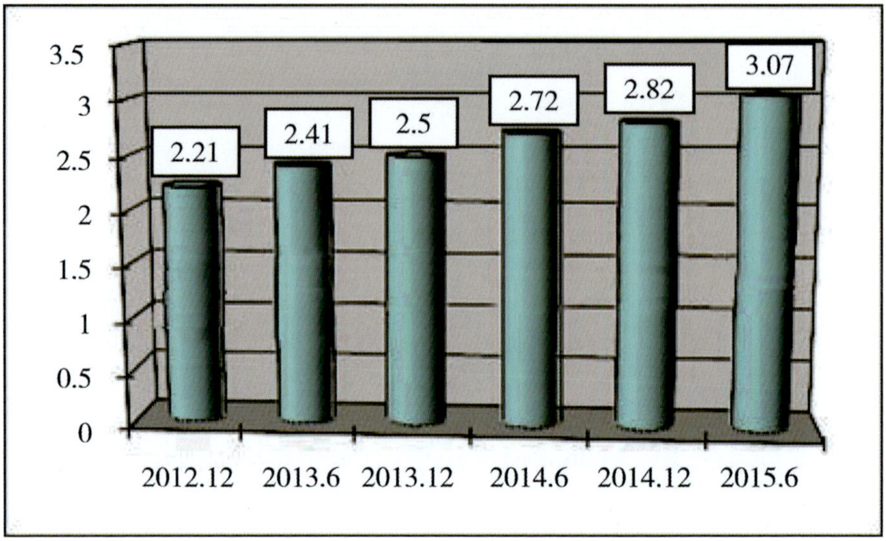

图 1-3　2012 年 12 月至 2015 年 6 月我国网上银行用户规模（单位：亿元）①

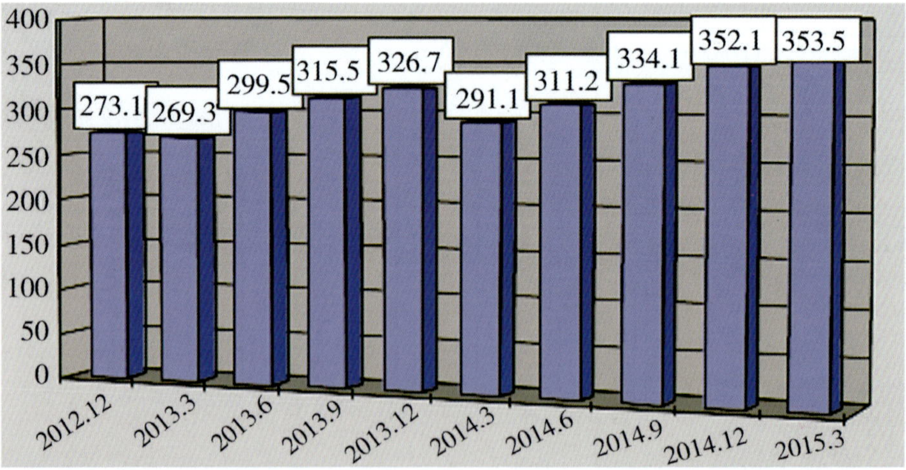

图 1-4　2012 年 12 月至 2015 年 3 月我国网上银行季度交易规模（单位：万亿元）②

随着第三方机构对银行业务的不断渗透，“金融脱媒”现象日益增加，银行中间业务因此受到一定的影响和冲击。在传统经营模式越来越难以为继的预期背景下，各大商业银行才不得不投身于建

① 资料来源：https://www.wind.com.cn。
② 资料来源：https://www.wind.com.cn。

设网上商城。交通银行推出“交博汇”平台，建设银行推出“善融商务”平台，中国银行中山分行推出“云购物”，宁波银行推出首个中小企业专属金融社区平台“宁波银行‘E家人’”。

3. 直销银行

直销银行是互联网时代应运而生的一种新型银行运作模式，这一经营模式下，银行没有营业网点，不发放实体银行卡，客户主要通过电脑、电子邮件、手机、电话等远程渠道获取银行产品和服务。因没有网点经营费用和管理费用，直销银行可以为客户提供更有竞争力的存贷款价格及更低的手续费率，降低运营成本，回馈客户的是直销银行的核心价值。

2013年7月，民生银行成立了直销银行部。2014年2月28日，国内首家直销银行民生银行直销银行正式上线。民生银行直销银行突破了传统实体网点经营模式，主要通过互联网渠道拓展客户，具有客群清晰、产品简单、渠道便捷等特点。2014年3月，兴业银行推出直销银行，用户可以持工商银行、建设银行、农业银行、招商银行、中信银行等多家银行卡，通过电脑、手机等移动设备直接在其上选购热销理财产品、基金以及定期存款、通知存款等，免掉了繁复的注册、登录、跨行资金划转步骤，一键购买，省时省力。可以随时随地随身“一站式”查看、管理、调拨上述各家银行卡上的资金，享受在线理财规划服务。

中信银行与百度在2015年11月18日举行战略合作发布会，宣布共同发起成立百信银行。此前，直销银行业务都是在传统银行内部展开，而中信银行此次的尝试是以子公司独立法人的模式发起的。

第三节　互联网业务金融化

一、互联网业务金融化的发展

互联网企业正是在不断与金融机构进行竞争、合作的过程中发展壮大的，从初期的相互独立，到中期的竞争合作，再到现在的相互融合。从时间轴来看，互联网企业的金融化经历了四个阶段：门户网站、电子商务、互联网金融、大数据时代，完成了互联网企业从 IT 到 DT 的转换。互联网业务金融化进程见图 1-5。

图 1-5　互联网业务金融化进程

从 1997 年 6 月，随着网易公司的成立，标志着门户网站在中国的诞生。1998 年 2 月 25 日，中国首家大型分类查询搜索引擎——搜狐品牌正式诞生。随后，四通利方宣布并购海外最大的华人网站公司“华渊资讯”，成立全球最大的华人网站“新浪网”。至此我国门户网站三足鼎立的局面开始形成。门户网站在发展初期以网络广告为盈利点，通过最大化地吸引用户注意力、提高浏览量来获得风险投资者和网络广告主的青睐。这些互联网企业几乎还没有任何产品，与传统金融机构业务发展没有交集，相互独立。由于收入模式过于单一，很多门户网站发展受到限制，因此他们开始对自身的发展模式进行思考和调整，走向业务多元化，而不再像传统门户网站那样只以网络广告为主营业务。

虽然在中国电子商务的发展最早可以追溯到 1993 年，但在 2003 年之前，电子商务发展十分缓慢，处于初步的发展阶段。网民的网络生活方式还仅仅停留于电子邮件和新闻浏览的阶段。而进入 2003 年以后的几年，一方面当当、卓越、阿里巴巴、慧聪、淘宝等电商网站开始出现在人们视野中，另一方面“非典”的暴发让人们体验到这些电商带来的便利。电子商务基础环境不断成熟，物流、支付、诚信瓶颈得到基本解决，在 B2B、B2C、C2C 领域里，都有不少的网络商家在迅速地成长，积累了大量的电子商务运营管理经验和资金。

2005 年，计算机和宽带的普及以及电子商务基础设施的完善，促进了第三方支付行业快速发展，使我国第三方支付迎来了春天，支付规模达到 196 亿元。

同时 2007 年 6 月，我国第一家 P2P 网络借贷的网站——拍拍贷成立，开启了我国网络借贷的先河。这也对传统金融机构的统治地位构成了挑战，互联网企业开始涉足金融领域，与银行展开竞争。

前面两个阶段的发展为互联网企业进入互联网金融时代打下了基础。我们所说的互联网金融主要包括互联网企业的金融化与金融企业的互联网化,此处我们主要讨论前面一部分,包括三个发展阶段:第一阶段,20世纪90年代,互联网企业发展模式单一,产品稀少;第二阶段,随着计算机和通信技术的广泛应用以及电子商务的发展,网络借贷开始萌芽,互联网与金融的结合从技术领域慢慢深入到金融业务领域;第三阶段,随着P2P借贷成熟以及众筹的出现,互联网企业开始提供更多的投融资服务,金融化进一步加深。2013年是互联网金融发展革命性的一年,这一年也被称为“互联网金融元年”。

2014年,P2P网贷发展继续欣欣向荣。根据对325家重点网贷平台的监测结果,2014年网贷平台综合成交量超过2 500亿元,是2013年的3.29倍;并且基本保持逐月递增趋势,3月涨幅达到峰值106.9%。但由于网贷发展还处于初级阶段,缺乏相关部门的监管,法律政策等也相对匮乏,平台跑路事件频频发生。

随着“大众创业、万众创新”政策的推进,国务院先后数次推动股权众筹事业的发展。2015年,全国众筹业共成功筹资114.24亿元,历史首次全年破百亿元,同比2014年全国众筹业成功筹资金额增长429.38%。

大数据的发展从以谷歌、亚马逊、雅虎为代表的互联网大公司,拓展到越来越多的创业公司以及金融、电力、电信等各种传统行业,这些公司和行业在不同的维度进行数据挖掘和分析,创造出更多的商业模式和经济增长点。同时,包括美国在内的诸多国家,都将大数据管理上升到国家战略层面,从国家层面通盘考虑其发展战略。大数据的处理技术基本类似,包括数据采集、导入和预处理、统计和分析、挖掘。目前在我国,大数据在各大企业中已经有了成熟和广泛的应用，其商业模式逐渐形成。

二、互联网业务金融化的类型

2014 年被称为“互联网金融创新发展年”，互联网支付、网络借贷、众筹、互联网理财、保险等各类互联网金融消费产品进入大众视线。通过“互联网 +”的技术创新和金融服务融合互动式突破，互联网金融已成为日趋成熟的消费行业。

从 21 世纪初互联网支付的出现，到互联网借贷（网络小贷及 P2P）、互联网股权投融资（众筹）的落地，从近年来互联网保险的高歌猛进，到近期一站式互联网理财的兴起，从单品类的互联网理财到综合性的互联网金融消费，高端化、精英化的传统金融服务行业逐渐延伸出门槛更低、频次更高、服务更加综合快捷的互联网金融，其消费市场的崛起势在必行。

P2P、众筹、互联网信托、网销货币基金等形态都是互联网理财产品的表现形式。虽然每一种互联网理财产品的形态、运作和原理都不尽相同，但是都是消费者对财产和债务进行管理，以实现财产的保值、增值为目的的投资理财途径。

1. 第三方支付

1999 年出台的美国《金融服务现代化法案》将第三方支付机构定性为非银行金融机构， 将第三方支付业务定性为货币转移业务。中国人民银行 2010 年出台的《非金融机构支付服务管理办法》将第三方支付业务定义为：在收款人和付款人之间作为中介机构提供货币资金转移服务，包括网络支付、预付卡、银行卡收单等。

典型的第三方支付业务模式有两类：一类是以“快钱”为代表的独立第三方支付模式； 另一类是依托于自有 B2C、C2C 电子商务网站提供担保功能的第三方支付模式，如支付宝、财付通。

第三方支付自 2004 年出现以来一直呈快速增长态势。中国人民银行数据显示，截至 2015 年 9 月，已有 270 家机构获得第三方支付业务许可证，其中支付宝市场份额为 47.6%，财付通市场份额为 20.1%，银联在线市场份额为 11.1%。以上三家支付企业的市场份额已接近 80%，市场集中度较高，核心企业市场份额保持稳定。这表明，经过 10 多年的快速发展，第三方支付市场已经趋于成熟。2015 年 9 月第三方支付核心企业市场份额见图 1–6。

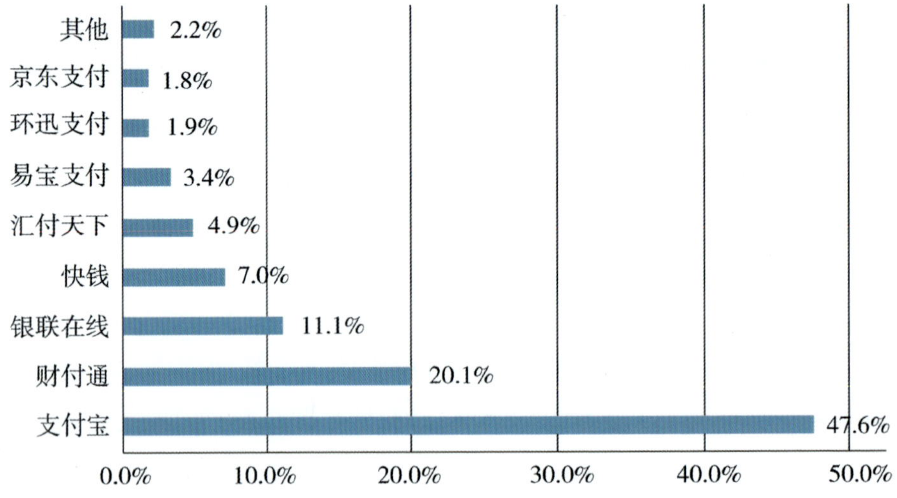

图 1–6　2015 年 9 月第三方支付核心企业市场份额①

2.P2P 网络借贷

ICT 技术的发展使基于互联网的 P2P 网络借贷模式应运而生。P2P 网络借贷模式是指借款人向 P2P 平台提交借款金额、期限和利率等信息，并根据平台要求提供相应的证明文件，网络平台根据既定的信用评级模型等手段对投资人进行相应的认证，出借人通过比较借贷平台的标的，根据自己的风险偏好出借资金。在这一模式下，

① 资料来源：中国人民银行网站 http://www.pbc.gov.cn。

借款人与出借人的对接在网络平台完成，比如人人贷、宜信、陆金所等。2015 年 P2P 主要地区交易总额见图 1–7。

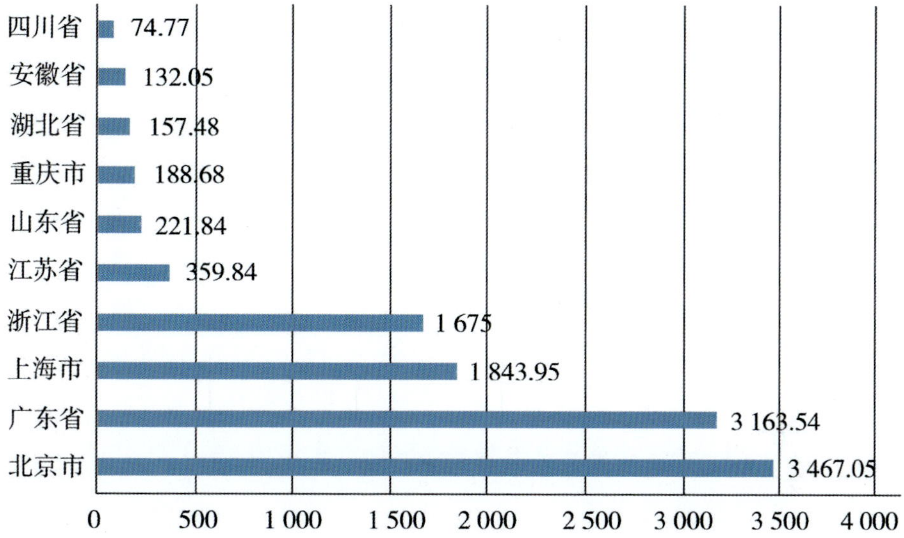

图 1–7　2015 年 P2P 主要地区交易总额（单位：亿元）[①]

由于我国特定的金融市场环境，P2P 网络借贷模式存在明显的地区差异。2015 年，P2P 网络借贷的平均年利率和平均网贷期限均与传统线下民间借贷同期水平相近，其中平均年利率为 12.05%，同比下降 5.47%，网贷期限平均为 6.22 个月，比 2014 年上升 5.07%。北京、广东、上海、浙江、山东、江苏 6 个地区的平台数量最多，占据全国目前 P2P 网络借贷行业 80% 以上的份额。其中上海的网贷利率最低，只有 9.83%，其网贷期限达到 10 个月以上，远高于平均水平。主要地区 P2P 借款期限和利率见图 1–8。

① 资料来源：2015 年中国网络借贷行业年报。

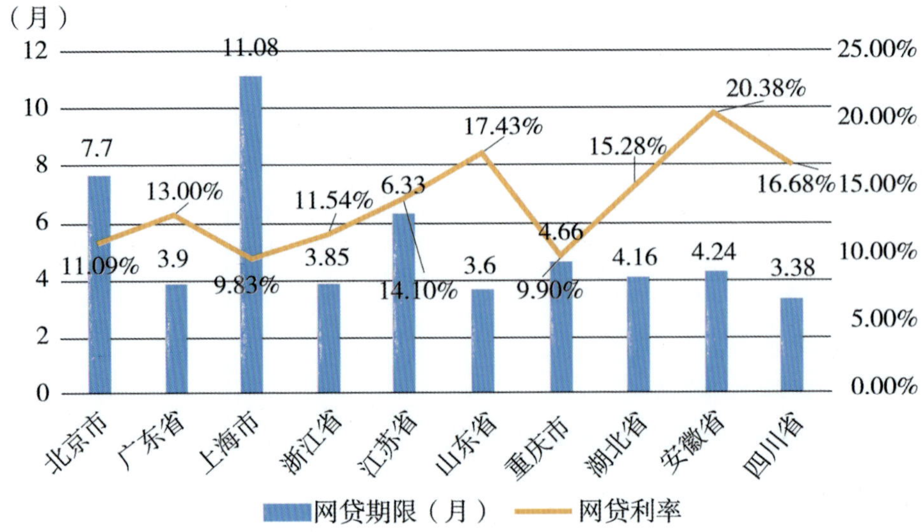

图 1-8 主要地区 P2P 借款期限和利率（2015 年）①

3. 众筹融资模式

众筹融资模式是指项目的发起者通过互联网融资平台宣传介绍自己的项目，合格的投资者对感兴趣的项目进行少量投资，使发起者筹集项目运行资金，并由发起者给投资者一定报酬的融资模式。我国目前的众筹融资模式以奖励类众筹为主。股权类众筹是指项目筹资人通过互联网平台进行融资，并回报给投资者一定的公司股份，而投资者最终能否获得实际的收益，取决于公司实际经营状况的一种众筹模式。

同第三方支付和 P2P 网络借贷模式相比，国内众筹融资模式发展相对缓慢，但这并不意味着众筹融资模式的市场需求很小。根据国外经验，奖励类众筹和股权类众筹在中国都有着广阔的市场前景和巨大的融资需求。从国内众筹融资平台运行情况看：股权类众筹因为股东人数限制及公开募资的规定，目前有天使汇等少数股权类众筹平台；作为创新产品的预售及市场宣传的平台有众筹网等；人文、

① 资料来源：2015 年中国网络借贷行业年报。

影视、音乐和出版等创造性项目的梦想实现平台有淘梦网、追梦网等。另外，一些微公益募资平台数量较多。值得关注的是，众筹融资平台募集成功率为25%~42%。

2014年上半年，众筹融资平台发起目标资金总额约为21.89亿元，和国外的差距较大。相比之下，全球最大的众筹网站Kickstarter 2012年的筹资总额已经达到3.2亿美元，网站运营已经进入盈利阶段。

导入案例

互联网金融再度成为全国两会热词[①]

2016年两会上的互联网金融，一半海水一半火焰，最终走向何处，取决于行业和监管的博弈与合作效果。

2014年互联网金融首次写入政府工作报告。报告在金融改革部分提到：促进互联网金融健康发展，完善金融监管协调机制，密切监测跨境资本流动，守住不发生系统性和区域性金融风险的底线。让金融成为一池活水，更好地浇灌小微企业、“三农”等实体经济之树。被中央政府首度正式认可与支持，互联网金融行业获得前所未有的信心，开启了一整年高速发展的大幕，却也由于监管没能及时跟上而种下了野蛮生长的种子。

2015年互联网金融再度写入政府工作报告，并两度被提及。政府工作报告开篇盛赞“互联网金融异军突起”。并在“互联网+”行动部分提到：制定“互联网+”行动计划，推动移动互联网、云计算、大数据、物联网等与现代制造业结合，促进电子商务、工业

① 资料来源：界面新闻网 https://www.jiemian.com。

互联网和互联网金融健康发展,引导互联网企业拓展国际市场。但是,在此次两会上，已经有相关人士提案，对互联网金融开展监管。

2016年，政府工作报告中指出：规范发展互联网金融，大力发展普惠金融和绿色金融。加强全口径外债宏观审慎管理。扎紧制度笼子，整顿规范金融秩序，严厉打击金融诈骗、非法集资和证券期货领域的违法犯罪活动,坚决守住不发生系统性区域性风险的底线。因此，2016年是互联网金融被严格监管的一年。

本章小结

互联网金融是一种基于互联网、大数据、云计算、移动通信、社交平台及搜索引擎等信息技术，实现资金融通、支付、结算等金融相关服务的金融业态。其发展主要有两种模式：一是互联网业务金融化；二是金融业务互联网化。互联网金融是现有金融体系的进一步完善和普惠金融的重要内容，其表现形式包括以互联网为主要业务载体的第三方支付、P2P网贷、众筹等新型金融业态。互联网金融在经营模式、经营理念、客户定位等方面与传统金融都有着很大的差别，正是基于这样的差别，使其相对于传统金融具有独特的优势。

第二章

传统金融机构互联网化

导读

传统金融机构中银行的互联网化发展主要包括网上银行、网上商城和直销银行等业务或部门。除了银行之外的其他金融机构的互联网化则包括网络券商、网络保险和其他金融互联网业务的延伸等。要了解网上银行的特点和发展历程，网上商城的特点和发展趋势，直销银行的特点及发展现状，传统金融机构互联网化的内容，传统金融机构的未来发展趋势以及传统金融机构网络业务间的联系和比较等。

知识架构

- 传统金融机构互联网化
  - 网上银行
  - 网上商城
  - 直销银行
  - 非银行金融机构互联网化
  - 金融业互联网化未来发展

导入案例

工商银行 e-ICBC①

2015 年 3 月 23 日，中国工商银行发布“e-ICBC”，成为国内第一家发布互联网金融品牌的商业银行，标志着工商银行已经加快落实互联网金融战略。工商银行在已经搭建的互联网金融基础架构之上，更重视客户体验和创新研发，积极打造一个以平台战略为牵引、以大数据全面应用为支撑、以智能金融服务为重点、以线上线下交互为特色的金融服务新模式。

工商银行此次发布的“e-ICBC”互联网金融品牌主要包括“融 e 购”电商平台、“融 e 联”即时通信平台和“融 e 行”直销银行平台三大平台，支付、融资和投资理财三大产品线上的“工银 e 支付”“逸贷”“网贷通”“工银 e 投资”“工银 e 缴费”等一系列互联网金融产品，以及“支付 + 融资”“线上 + 线下”和“渠道 + 实时”多场景应用等。消费者可以同步享用工商银行的互联网金融产品。

其中，“融 e 购”电商平台，对外营业 14 个月时间，注册用户已达 1 600 万人，累计交易金额突破 1 000 亿元，交易量进入国内十大电商之列。具有小额、快捷特点的新型支付产品“工银 e 支付”，在一年的拓展后，账户数超过 5 000 万户，交易额 650 亿元。注重客户线上线下直接消费的信用贷款产品“逸贷”余额超过 1 700 亿元，2015 年累计发放贷款 2 300 亿元，与全国 P2P 网贷成交额相差不大。符合小微企业“短、频、急”融资需求的互联网贷款产品“网

① 资料来源：新浪财经网 https://finance.sina.com.cn。

贷通”，已累计向6.9万户发放1.6万亿元，余额近2 500亿元。用于贵金属、原油等投资交易的“工银e投资”平台客户超过15万户。针对年轻客户群体推出了“大学生e服务”，针对商旅客户打造了“商友俱乐部”平台，契合不同客户群体需求的差异化服务得到较快发展。

第一节　网上银行

一、概述

1. 含义

网上银行包括两种含义：一种是机构概念，指通过信息网络开办业务的银行，这种银行没有实际的物理柜台作为支持，几乎没有分支机构，绝大部分只能通过网络进行，因此也叫“虚拟银行”；另一种是业务概念，指银行通过信息网络提供的金融服务，包括传统银行业务和因信息技术应用带来的新兴业务，又被称为“在线银行”或“网络银行”，实际上是传统银行服务在互联网上的延伸。

同时，网上银行还被称为“3A银行”，即指在任何时间、任何地点，以任何方式为客户提供快捷的金融服务。在日常生活和工作中，我们提及网上银行，更多的是指第二种概念，即网上银行服务的概念。

2. 演变（三次演变）

从20世纪50年代开始，商业银行的信息化大致经历了业务处理电子化、经营管理电子化、银行再造这三个阶段。

第一阶段中，银行主要通过计算机模拟原有银行手工业务和部门分工的传统管理模式。在这个阶段，银行利用计算机进行票据集中录入，实现账务管理的批量处理，进一步实现了办公自动化，计算机批量处理的应用在客观上使银行的账务管理模式由分散走向了集中，但由于当时信息通信技术还不够发达，银行信息系统仍然分散而封闭。

第二阶段中，由于信息技术快速发展以及成本大幅降低，为银行业广泛应用网络信息技术提供了有利条件，这一阶段银行实现了联网实时交易，实现了异地通存通兑。同时，内部网络电子银行开始兴起，出现了 ATM 机、POS 机等新型自助服务渠道，超出了传统的存、贷款服务范畴。

第三阶段中，以 1995 年 10 月美国第一家网上银行——安全第一网络银行的诞生为标志，出现了电话银行、电视银行、网上银行和手机银行等新型服务渠道，提供了虚拟化、个性化的服务，客户可以在任何时间、任何地点，以任何方式得到各种金融服务。在这一阶段，网上金融机构突破了传统金融业的各种限制，银行、证券、保险等以及其他类型的金融服务得到高度的融合，大大拓宽了金融企业的获利空间。银行业务发展，又增加了对信息通信技术的需求，出现了大量 IT 外包活动。

二、主要特点与风险

1. 特点和优势

与传统的银行业务相比，网上银行业务有以下特点：以计算机技术为基础，以网络为媒介；灵活便捷的 24 小时服务；客户自助服务；边际经营成本低；业务综合性强。

网上银行的出现，改变了商业银行的竞争方向和发展模式，也改变了商业银行风险管理的范畴。与传统银行相比，网上银行的优势有：打破地域和时间限制，降低服务成本的同时，提升了服务的便捷性和可访问性；采用网络化、无纸化运作，提高了服务的速度和效率；扩展了服务范围，有利于服务创新，向客户提供个性化、多样化服务；服务更加标准、规范，避免了人工服务质量参差不齐的不足；减少了银行的网点、人员、设备等的投入，节省了银行成本；有利于银行业务向大范围开拓以及全球化的实现。

2. 风险

网上银行包含两类风险，一类是银行普遍存在的风险，一类是网上银行特有的风险。网上银行风险分类见表 2–1。

表 2–1　网上银行风险分类

第一类风险	操作风险	主要是指未经过明确授权使用客户账户，可能导致客户直接经济损失的风险
	信誉风险	主要是指负面的舆论导致网上银行声誉受损，顾客减少，盈利下降而产生的风险
	信用风险	又称对手风险，主要是指由于交易对手不能履行责任而造成的风险
	流动性风险	由于其无法保证任何时间都有足够的资金满足客户兑现或结算要求而面临的风险，也称为挤兑风险
	法律风险	主要来自违反或不遵守法律、法规或约定的惯例，或者没有很完善地建立有关交易各方在法律上的权利和义务。网上银行给银行零售业务带来了相对较新的特点，而交易各方的权利和义务在某些情况下还未确定
	管理风险	主要是指网上银行的管理现状及管理水平与网上银行业务快速发展的现状不协调而造成的风险
第二类风险	系统安全风险	网上银行是以互联网为载体，容易遭受黑客的攻击，存在电信诈骗、使用假网站骗取客户信息等风险。其系统安全风险主要存在于数据传输的安全性，网上银行网站建设的可靠性，以及客户操作的安全环境
	业务运行连续性风险	主要是指网上银行业务中断或系统失败给银行带来的损失或风险，它会给银行带来巨大的经济损失，同时还可能危及银行信誉，最终引发信誉风险
	外包管理风险	银行为了满足网上银行、电话银行、自助设备等多种服务渠道的技术需要，会借助于外部研发团队的力量来进行软件系统的开发与功能的实现。这种同第三方服务提供商的合作虽然节约了一定的银行资源，但是同时带来了潜在的风险，有可能导致银行重要信息泄露

三、我国网上银行的发展

如今，国外商业银行已经进入了银行再造阶段，以客户为中心，充分利用网络通信、电子等信息技术来优化整合业务流程，创造出品种繁多的新型金融产品，不断进行全面的企业重组。而中国的商业银行向现代商业银行的转轨尚未完全完成，在管理体制、战略管理以及业务流程等方面仍在探索中，信息技术应用和金融电子化建设仍处于第二阶段，初步实现了全国范围内的网点电子化，形成了以银行卡系统、会计系统、对公系统、储蓄系统为主要内容的“新一代综合业务系统”。从整体上讲，我国目前金融科技的发展水平还比较落后，还不具备以客户为中心进行银行再造的环境和条件。

我国的网上银行发展起步比美国稍晚，中国银行于1996年建立了自己的网站，通过互联网提供金融服务。1997年招商银行推出网上银行服务，招商银行网上银行是国内率先在全国范围内提供网上服务的银行。此后，工商银行、建设银行、交通银行、光大银行以及农业银行等也陆续推出网上银行业务，开通了网上支付、网上自助转账和网上缴费等金融业务。

经过几年的发展，我国网上银行的发展呈现以下特点：

1. 交易量和客户量快速增加

网上银行数量的增加，使网上银行客户规模和交易量迅速扩大，呈跳跃式发展。中国银行业协会发布的《2015年度中国银行业服务改进情况报告》显示，网上银行交易额为1 600.85万亿元，同比增长28.18%。截至2014年年末，个人客户数达到9.09亿户，新增1.5亿户，同比增加19.71%；交易笔数达608.46亿笔，同比增加21.59%；交易总额达1 248.93万亿元，同比增加17.05%；企业客户达到 1 811.4 万户，同比增加 16.75%。而 2015 年网上银行个人用户超过 9 亿，网上银行的交易额和用户量仍在迅速增加。

2. 业务和服务大大增多

大部分银行不仅能提供账户查询、投资理财咨询、存贷款利率查询、外汇牌价查询等查询类业务，还能为企业和客户提供网上支付、账户管理、资金转账、代理支付、银证转账、挂失、代客外汇买卖等交易类业务。一些银行对企业集团客户提供指令转账、资金划拨、资金监控、财务管理等服务，对个人客户提供国债买卖、外汇交易、电子汇款等服务。同时，银行已开始重视业务经营中的品牌战略，逐渐出现了名牌网站和名牌产品。例如农业银行的“金 e 顺”、工商银行的“金融 @ 家”、建设银行的“e 路通”等都获得不错的口碑。

3. 外资银行开始积极涉足网上银行领域

自从我国加入世界贸易组织后，外资银行就开始涉足中国的网上银行。目前有花旗等多家外资银行面向我国开通网上银行业务，随着我国经济的快速发展和全球经济一体化程度的加深，更多的外资银行涌入我国网上银行业务领域。

4. 网上银行业务发展不平衡

网上银行业务发展不平衡表现为银行间的不平衡和地区间的不平衡。银行间的不平衡表现在：以工商银行、农业银行和招商银行等为首的佼佼者已经走在了网上银行业务发展的第一梯队，在客户群、业务发展上形成了一定的业务规模。通过图 2-1 数据可以看出，我国的网上银行业务发展很不平衡，业务发展水平与能力存在较大差距。

早在 2015 年第四季度，工商银行依靠其丰富的客户资源，在企业网银交易规模中位居第一，工商银行、建设银行、交通银行、农业银行、中国银行五大行凭借庞大的客户群体分别位列市场前五位，合计拥有 70% 的市场份额。网上银行业务的发展很不均衡，对于用户服务需求的挖掘是实现银行服务产品创新的根本。

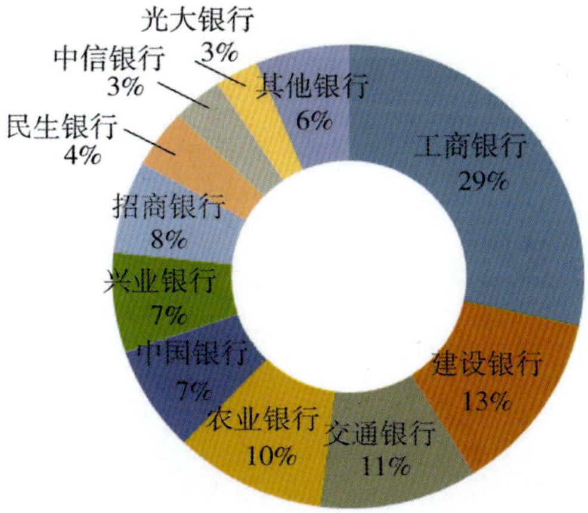

图 2-1　2015 年第四季度中国网上银行市场交易份额[①]

四、未来发展趋势

1. 网络基础建设更加完备

网上银行将会加强安全防范措施，防止非法侵入银行主机系统和数据库的情况出现。如利用防火墙技术和网关系统，对非法入侵进行严格的审查，确保银行主机系统和数据库的安全。

2. 服务更加多样化

网上银行业务的功能和服务快速增多。以工商银行网上银行为例，其功能包括基础支付结算功能、网上基金、贵金属、银证、期货及网上汇市等理财功能、网上贷款融资功能、缴费站等缴费支付功能，以及银医服务、私人银行、银商银权转账等特色服务功能。

① 数据来源：综合上市公司财报、企业访谈及易观智库核算模型。

3. 构建客户关系系统，进一步完善网上银行功能

外资银行进入中国市场后，依赖其先进的网上银行系统，对高收入客户甚至是更狭窄的客户进行激烈的“争夺”。因此，我国商业银行必须充分利用已有的客户资源，构建客户关系系统，通过收集客户的相关资料，形成源数据库，并进行市场划分，然后应用数据挖掘技术对客户信息进行整理、分析和挖掘，建立数据模型及利润分析模型，根据客户不同的特点，提供针对性、高附加值的产品和服务，从而提高盈利能力。

4. 完善网上银行管理模式，加快业务流程再造和组织体系变革

传统的商业银行组织是金字塔结构，信息系统部门的割据阻碍了银行不同部门之间的信息共享，而网上银行具有经营层级少、管理链条短、客户交易自主性强、运营效率高等优势，这必然对商业银行传统的组织体系、管理体制、运营模式和业务流程等方面产生冲击。商业银行如果要通过网上银行提高业务处理效率，必须对传统的组织结构和业务流程进行再造，实现从垂直结构到交互式扁平结构的转化，从而提高运营效率。

第二节　网上商城

一、概述

网上商城类似于现实世界中的商店，区别主要是：网上商城利用电子商务等手段，在商品买卖的过程中，减少中间环节，消除运输成本和代理中间的差价，加快市场流通，推动商品交易的快速发展，促进国内生产总值的提高。

网上商城在为个人用户和企业用户提供人性化的全方位服务的同时，为用户创造亲切、轻松和愉悦的购物环境，不断丰富和拓展产品结构，最大化地满足消费者多样化的购物需求，并凭借具有竞争力的价格和日益完善的物流配送体系赢得市场占有率。

二、优点与缺点

1. 优点

（1）没有时空限制　每周 7 天，每天 24 小时允许顾客进行商品的浏览和购买，工作时间可以随时与客服进行交流，解决购物中遇到的问题。任何人都可以通过互联网访问网上商店，而不受时间和空间限制。

（2）服务优质　网上商店可以为用户提供更加全面的商品信息，同时提供良好的客服服务，更好地促进商品的交易。

（3）节约成本　成本包括实体物品和虚拟品两方面，实体物品包括店面、房租、装修、印刷、纸张等用品，虚拟品包括网上商城购物系统、网络信息、图片、视频等。虚拟品可长期循环使用，节约了交易成本，因而网上商城上的商品价格往往较便宜。

（4）提高管理效率　网上商城购物系统由专业的软件公司开发，负责系统相关的维护及运营工作，服务器会自动进行信息的统计、归档，这个过程受全面监控与管理。同时，运用信息化的数据库管理，出现人工操作错误的情况概率较低，可以随时查阅、核算、统计，提高了企业管理的效率和质量。

2. 缺点

网上商店对货物的描述具有一定的迷惑性，主要体现在顾客无法直接看到和触摸到商品，全凭店主的描述来购物。顾客无法判断货物是否从正规渠道而来，或者是否为正品。若为仿制品，消费者的维权往往举步维艰。网上商店对卖家的审核往往有很大的局限性，也会导致假冒伪劣产品泛滥。长期下来会引发大量对网上商店的负面评论，影响网上商店的长远发展。

3. 面临的问题

（1）消费者消费能力偏低　与美国等发达国家相比，我国人均GDP较低，国民收入普遍略低。而在网上购物的用户中，绝大部分是中低产阶层，这部分消费者的消费能力有限，在一定程度上制约了网上商城的发展。

（2）网购诚信监管制度不完善　对于网上购物来说，其诚信度是决定购买量的一个重要指标。为此，各大主流网上商城推出了各自的诚信评价制度，一定程度上缓解了这一问题，但仍然无法较好地防止诚信缺失现象的发生，网购监管体系仍需进一步完善。

（3）物流体系混杂　随着网上商城的发展，物流业得到了极大促进。但目前我国物流业仍然存在着良莠不齐的情况，其物流的配货效率、送货效率和服务态度等都有明显差距，各公司间差距明显，这些也从侧面制约了我国网上商城的发展。

三、网上商城的发展趋势

（1）多元化和专一化发展　现在我国的网上商城的主要类型有综合型和专一型，两者各有优缺点。综合型网上商城包括淘宝、京东等，这些商城涉猎的商品品种比较广泛，用户量大，每年的销售额都很高，能够满足各类消费者的需求，但总体来说，其商品杂而不精，质量良莠不齐。虽然专一型网上商城用户量较少，但专业性强，能为用户提供相关行业广泛且专业的产品和服务，客户群体主要是那些有某种特定需求的用户。

（2）诚信化发展趋势　商品的诚信度一直是网上商城经营关注的焦点，商品质量的好坏以及商家的服务态度成为网上商城的重要发展方向。因此，网上商城必然会加强产品的诚信度，不断完善诚信问题处理机制，加强商城内各零售商的诚信度建设工作，促使网上商城向着诚信化的方向发展。

（3）商城—物流一体化发展趋势　目前，大部分网上商城仍依靠其他物流公司进行货品发放。在未来的发展进程中，网上商城应当会与实力较强的物流公司合作，为商城内的各商户指定物流公司，同时提供相应的优惠措施。

第三节　直销银行

一、概述

直销银行是一种新型的银行运作模式，主要通过电脑、手机、电话等远程为客户提供产品和服务，不发放实体银行卡，几乎不设立实体业务网点，由于没有网点经营费用和管理费用，直销银行可以为客户提供更低的手续费率和更有竞争力的存贷款价格。直销银行的核心价值主要是降低运营成本、提高服务水平、回馈客户。绝大部分直销银行都作为大型银行集团的附属机构或子公司存在。

直销银行可以根据运营模式的不同分为两类：一类是纯线上模式，另一类是线上与线下融合模式。纯线上模式是通过线上系统和呼叫中心提供所有产品与服务；线上与线下融合模式是指除线上服务外，还提供部分辅助性质的线下服务，即线上和线下相结合的模式。

线上服务由互联网综合营销平台、手机银行、网上银行等多种终端渠道构成，线下模式是建立便民直销银行，设置存取款机、自助缴费终端、远程签约机等。

直销银行模式充分利用了现代信息通信技术，借助互联网开展金融业务，具有低成本和方便快捷的优势，具有广阔的市场发展前景。

直销银行模式具有以下特点：几乎没有实体营业网点，运营成本低；以低价格、高收益的金融产品和高质量服务吸引客户；通过大数据技术进行准确的客户定位，提高交易效率；具有简单舒适的交易体验。

总之，直销银行的基本模式是进行客户定位，通过低成本的电子渠道提供简单、低价格、高收益的金融产品，其中的转折点是互联网和移动互联网的飞速发展以及人们金融消费习惯的改变。值得注意的是，有不少直销银行转型或被收购，成为传统银行的网络渠道。如美国安全第一网上银行，成立的 3 年内一直未能盈利，1998 年被加拿大皇家银行收购，转型后，为加拿大皇家银行提供网上服务。

二、与网上银行、手机银行的区别

网上银行、手机银行依托的载体是实体银行，而直销银行不依赖于实体网点，是脱离了传统银行具有独立法人资格的组织。实体银行由于有线下的一些运营成本，所以其手续费就会比直销银行的贵一些。

直销银行与网上银行、手机银行的区别主要体现在业务模式和业务工具上。网上银行、手机银行是商业银行等金融机构利用网络、电话等通信通道为客户提供服务。即网上银行、手机银行只是银行业务的简单网络化，把传统银行业务放到线上，能够更好、更快地开展相关业务，仅是一种提供金融服务的工具。而直销银行则是构建了一种全新的业务模式，即银行充分利用互联网的独特优势（互联网所拥有的数据和客户）来进行银行业务的延伸拓展，为客户提供更多和更优惠的金融服务。所以，相比较而言，网上银行、手机银行只是银行的简单网络化，而直销银行则是银行与互联网结合的更高级的产物。

1. 直销银行的优点

直销银行在业务运转、人工服务等方面不依赖物理网点，因此在经营成本方面更具优势，能够提供比传统银行费用更低的产品、服务和更有吸引力的利率水平。直销银行是虚拟机构，所以一般不收取账户管理费或网银年费。直销银行不需要银行卡号，能 24 小时不间断提供产品和服务，更方便快捷。

2. 直销银行的缺点

（1）客户潜力受到限制　直销银行的客户需要有较好的相关互联网知识，而中老年人接受度不高，限制了客户群体的扩展。此外，也没有实体营业场所向顾客直接推销产品。

（2）现金服务严重缺失　过去为了满足顾客现金支取的需要，一些较大的直销银行设立了自己的自动取款机，但数量明显不足。而大部分直销银行都是借助于其他金融机构网点的自动取款机，或是加入自动取款机联盟，提供现金服务的过程较为烦琐，无法体现直销银行方便快捷的优势。2015 年 12 月，央行正式下发《关于改进个人银行账户服务　加强账户管理的通知》，规定银行建立账户分类管理的机制，而直销银行属于Ⅱ类账户，不能存取现金，不能向非绑定账户转账，因此用户调配各家银行资产的愿望还难以实现。

（3）账户数据和资金安全存在隐患　虽然直销银行都非常重视网络安全和信息保密，在客户网上转账和支付的过程中设置了多重安全屏障，比如电子口令、个人密码认证、交易码认证等，但其公司规模和资金投入有限，与财大气粗的传统商业银行相比仍有较大差距，其安全保障能力也受到一定程度的质疑。

三、直销银行现状

直销银行模式最早出现在20世纪80年代末的北美及欧洲等发达国家。在发展初期以电话、邮件等线上渠道代替传统银行的线下网点来服务客户。随着互联网的普及，直销银行的服务渠道得到大幅拓宽，可视化的自助服务系统吸引了众多客户；同时，精简人员使运营成本进一步降低，加大了直销银行的盈利空间。

2013年，国内直销银行开启了快速发展时期。2013年7月，民生银行成立了直销银行部，同年9月，北京银行与荷兰国际集团合作推出直销银行，这些开创性的举措促进了后期直销银行爆发式增长。直销银行是对互联网金融快速发展的积极应对。

目前，国内直销银行均处于探索阶段，影响力不大。大中型银行和区域中小银行发展直销银行的目的和定位有很大差别。中小银行尤其是城市商业银行是直销银行的主力军，以争夺异地客户、跨行客户为主要目标。这种策略的制定与这些银行面临网点数量有限、跨地经营受限以及揽储压力巨大等问题有关。直销银行往往是中小银行进行前瞻性布局，实现跨越式发展和弯道超车的有力武器。对大型银行而言，发展直销银行是对竞争对手布局的防御，也是应对客户、技术和行业发展趋势的主动出击，是顺应市场变化和技术发展的必然选择。

现阶段，国内直销银行业务和模式同质化较严重，在定位、架构、渠道、产品等方面的差异化探索相当有限。在定位上，直销银行普遍以线上外部获客为主要目标，多数未形成差异化的客户定位和价值主张；在架构上，多数作为母行的附属部门，与母行共享后台资源，未能独立运营；在产品上，产品种类相似，同质化现象十分严重；在渠道上，大多数直销银行都采用“PC端+APP”的模式，在移动端和外部渠道的拓展上仍有待探索。

此外，未来国内直销银行将会面临政策、风控、竞争和协同等各方面挑战。在政策方面，某些监管政策限制仍需克服，例如直销银行牌照政策以及远程开户准入都是直销银行需要打破的政策壁垒；在风险控制方面，网络安全风险仍是直销银行关注的重点，大数据的积累和运用也是进行风控的有效手段；在内外部竞争方面，外部金融科技公司的冲击以及与传统银行的竞争给直销银行带来了巨大挑战；在资源协同方面，我国直销银行架构多依赖于母行，这种非独立性会面临内部资源协同问题，交叉销售、资源共享、内部分配利润等方面如何调配，是直销银行不可回避的问题。

未来，在互联网与金融业务日趋融合的背景下，可能会出现更多的传统银行选择开设直销银行。同时，随着银行业向民营资本的进一步放开，直销银行这种低成本高效率的商业模式应会受到民营银行的青睐。

四、顺应互联网金融大潮

目前，我国银行业正处于一个深刻的变革和转型时期，需要不断加快金融业的创新和变革速度。尽管直销银行在我国才刚刚起步，但是存在着巨大的发展空间。直销银行作为一种新的经营模式，必然会成为银行业进行业务拓展的重要选择，也会成为未来我国金融市场的一股重要力量。

直销银行是利率市场化的积极产物。当前，随着我国利率市场化进程逐步加快，国内利率市场化工作正在稳步推进，利率完全放开指日可待，市场竞争环境相对宽松。2013 年余额宝等互联网金融产品以较高的收益率为优势，对传统银行造成不小冲击，而直销银行的出现则正好能够支付较高收益率来弥补这方面的不足。

不同于传统银行的商业模式，直销银行满足了客户对简单化、透明化服务的需求，通过其优惠的价格和快捷的服务在欧美地区获得了成功。直销银行的价值充分地体现在它的经营理念，作为银行在互联网浪潮中的转型方向之一，通过实惠的价格、差异化的经营策略、简捷的流程设计以及亲切的客户体验，为特定目标客户群体提供针对性的金融服务。从现状来看，相较于银行和互联网金融产品的杂而不精，直销银行“简单”的产品则更容易被广大客户所接受。

第四节　非银行金融机构互联网化

一、网络证券公司

1. 概述

网络证券从操作上主要指的是投资者通过互联网手段，包括公用互联网、局域网、专网、无线互联网等各种电子方式手段传送交易信息和数据资料，并进行与证券交易相关的活动，包括获取实时行情、相关市场资讯、投资咨询和网上委托等一系列服务。网络证券公司是证券公司运用互联网后的一种表现形式。

在互联网金融如火如荼地出现之前，券商就已经开始备战互联网金融。证券公司早已实现网络交易，拥有标准化大数据，在行业特性上就具有融入互联网金融的天然属性。尽管第三方金融产品销售平台、网络经纪商、网络 IPO 等互联网金融模式对券商有实在或潜在的影响，但总体而言，必是机遇大于挑战。

互联网降低了信息传递和客户转换成本的同时，也加快了券商差异化的进程。在互联网金融背景下，券商的发展将是一个定位差异化的过程，在这一过程中，券商将依据自身优势进一步分化。券商的发展也将表现出业务不断深入、不断扩大的趋势，从最初的网络销售到网上业务办理到大资管业务的扩张，最终扩展至业务覆盖证券、基金、信托、私人银行等领域，成为足以比肩银行的金融机构。在关注互联网金融的同时，更应注意到资本市场自身的变革给券商带来的机遇。资本市场改革立在长远，自主配售权和储架发行等举措将大幅提升券商的定价能力和客户黏性；并购和新三板市场的崛起可对冲传统 IPO 的下降颓势；资产证券化与银行对接，资金空间将破数万亿元。互联网金融对券商的冲击仅限于底层低端交易通道，但未来券商与科技企业将强强联合，网络证券金融将更具想象空间。

我国互联网证券的发展时间较短，但是从 2013 年开始，互联网金融在证券方面得到了极大的发展。以“网上开户”为标志，互联网金融概念开始从 P2P、众筹向更为全面的金融业务和领域扩展；从 2013 年至今，证券公司又进一步地开发、升级 APP 和移动端的业务，取得了较为理想的效果。但信息通信技术的影响非常深远，先后经历了集中交易、网上交易、手机证券等阶段。一是集中交易，标志是 1990 年上海证券交易所和 1991 年 7 月深圳证券交易所的成立。二是网上交易，标志是 1997 年 3 月华融信托投资公司湛江营业部推出的网上交易系统。三是手机证券，这一阶段代表证券交易进入了可移动时代，人们可以在任何时间、地点获得证券服务。

2. 主要模式

（1）国外模式　以美国为例，美国券商在 20 世纪 70 年代经历过取消固定佣金制和折扣商涌现的阶段后，开始在 20 世纪 80 年代进入计算机信息时代。在随后的十多年间，电子商务的潮流开始席卷券商行业，其中以传统折扣券商嘉信理财和新兴网络券商 E-Trade 为代表，开启了网络互联交易的新模式。在 20 世纪末，传统老牌券商诸如美林证券的介入，更是加剧了网络证券行业的竞争，但也因此加速了网络券商成为金融门户中枢的趋势。

美国的互联网券商主要是由传统券商和新兴网络券商组成，根据利用互联网的深度和经纪业务的不同进行分类，美国网络券商分为三种模式：一是以 E-Trade、TD Ameritrade 为代表的纯粹网络证券经纪公司（即 E-Trade 模式）；二是以嘉信理财、Fidelity 为代表的综合型证券经纪公司（即嘉信模式）；三是以美林证券、A.G.Edwards 为代表的传统证券经纪公司（即美林模式）。见表 2-2。

表 2-2　网络证券公司主要模式比较

类型划分	代表公司	客户定位	优势	劣势
网络通道型机构	E-Trade、TD Ameritrade	价格弹性较差，收入较低客户	1. 纯网络交易，无实体营业网点，操作便捷 2. 低佣金价格 3. 金融信息供给全面	1. 无独立研发能力 2. 客户服务层次较低
综合折扣型机构	嘉信理财	中高端客户和部分机构客户	1. 定位明确 2. 金融产品创新能力强	管理者知识结构水平，市场预测、决策和管理水平较弱
老牌传统型机构	美林证券	高端客户	提供高端专业、人性化、全方位理财服务	1. 成本较高 2. 客户局限

（2）国内模式　随着近些年来佣金率的不断下调，国内券商的经纪业务收入正在持续地萎缩和放缓。根据中国证券业协会（SAC）的统计数据，2008 年国内 107 家证券公司全年实现营业收入 1 251 亿元，而其中券商代理买卖证券业务净收入为 882 亿元，经纪业务占比 70%。而截至 2015 年第三季度，国内 124 家证券公司前三季度的营业收入为 4 380.43 亿元，其中代理买卖证券业务净收入为 2 192.95 亿元，经纪业务占比 50%，整体下滑 20%。在同质同业竞争愈发激烈、“一人多户”政策、互联网金融来势汹汹等因素的影响下，国内券商也不可避免地踏上了互联网运作的道路。

国内证券公司在布局互联网金融方面虽然起步较晚，但自 2013 年以来，却取得了令人瞩目的成就。从架构模式上来看，目前国内的互联网券商并没有类似于 E-Trade 的纯网络券商，所以网络券商包括了传统券商的互联网化和互联网企业券商化两种模式。以下主要介绍传统券商互联网化的情况，包括两类：一是以线下的营业网点为主体，将部分业务或业务的外放部分嫁接到互联网上。依托互联网的通道性和便捷性，提高业务订单的处理效率，降低券商的运营成本和客户的服务成本，以获得更高收益。二是研发和推出基于互联网概念的产品和服务，构建基于投行和资产管理的综合全能账户体系，构建“场景化”的社交顾问服务平台，基于大数据的基础上推出智慧理财模式，创新设计新的金融服务功能和业务种类，进一步拓展移动平台的广度和深度。

券商的互联网化可以通过三种方式实现：一是自己搭建电子商务网站；二是通过与淘宝、腾讯等大型网络公司合作，借助第三方平台销售；三是资本较充足的券商甚至可以直接收购第三方电子商务公司，整个业务囊括了网上开户、证券交易通道、资讯及金融产品网上销售和点对点服务提供等方面。第三种方式主要包括以下四种模式：

1）“券商+网上商城” 2013年11月，国泰君安证券打造的“君弘金融商城”正式对外运营，商城账户集证券账户、资管账户和基金账户为一体，提供投资理财和信用业务服务，其中的金融产品交易方式和团购方式的首创，更是成为之后许多券商争相效仿的案例。2013年3月13日方正证券旗下网店正式入驻天猫商城旗舰店，这是证券业内首家入驻B2C电商平台的券商。

2）“券商+移动终端+网上开户” 互联网证券移动端的发展最早可以追溯到券商与电信运营商的合作，中国移动早期与部分券商推出“移动证券”和“彩信通”等业务。2006年开始，以招商证券和国信证券为代表，开始自主研发智能手机证券业务，为之后的基于互联网技术下的APP开发打下了坚实的基础。中投证券、国信证券、国泰君安证券、华泰证券、中信证券、光大证券等一大批知名券商早已先后发布了新一代手机证券软件。一般来说，手机炒股应用软件系统除了具有普通的行情揭示、股票委托功能外，还加入了开放式基金委托、专有手机资讯公告、优理宝特色资讯等功能，丰富了手机终端内容。不过，当前券商在手机等终端上的耕耘多限于资讯服务和交易服务。未来，移动终端将会承载更多的交互性服务。网上开户助推了经纪业务转型。证监会松绑非现场开户之后，国泰君安、中信建投、华泰证券等券商纷纷启动网上开户模式。

3）“券商+互联网平台” 各家券商正在尝试与不同的互联网平台进行深入合作。在国金证券、中山证券牵手腾讯进军互联网金融后，以传统经纪业务见长的华泰证券也开始同网易进行合作，由双方共同设计、包装和销售金融理财产品，建立互动社区模式。

2016年1月22日，中泰证券与新浪达成战略合作关系，深度挖掘双方的优势资源，尝试多渠道、多平台、多形式的合作创新，实现资源的深度对接，以期实现共赢。中泰证券和新浪的战略合作的重点在于布局移动端，这是网络社交平台和券商成功合作的一个典型案例。

4）成立电子商务公司　继国泰君安证券、华泰证券等券商先后成立网络金融部以来，齐鲁证券也着手调整公司组织架构，其电子商务分公司于2013年7月底正式获批。此外，华安证券、财通证券等多家证券公司于2013年5月分别申报了针对电子券商经营模式、券商与电商合作路径等的课题。分公司是一个经营单位，具有经营职能，相对于部门而言，分公司的业务范围可以更广，利于证券公司整合资源，形成合力，以备战互联网金融。

二、网络保险公司

网上保险指保险公司或者其他中介机构运用互联网来开展保险业务的行为，有狭义和广义两种口径。狭义指保险公司或其他中介机构通过互联网为客户提供有关保险产品和服务的信息，并实现网上投保，直接完成保险产品和服务的销售。广义的还包括保险公司内部基于互联网的经营管理活动，以及在此基础上的保险公司之间及保险公司与公司股东、保险监管、税务、工商管理等机构之间的交易和信息交流活动。网络保险公司则是保险公司运用互联网后的一种表现形式。

1.发展概况

在保险业，信息通信技术最初主要用于保险产品电子化（即电子保单）。同时，销售也部分实现电子化，主要是网络营销和电话销售等。

我国网上保险处于初级阶段。大多数保险公司的网上销售和网上交易基本上还没成气候，保险业的信息化水平还远远不够。2012年6月19日放心保成功上线，兼具B2B和B2C交易模式，属于网上保险的一类，同时也是保险产品的第三方销售平台。2013年，阿里巴巴、中国平安和腾讯联合设立的众安在线财产保险公司，突破国内现有保险营销模式，不设实体分支机构，取而代之的是互联网销售和理赔。

2.主要模式

网上开展保险业务的模式主要有三类：一是保险公司提供网上保险服务，二是专门的公司经营的网上保险服务业务，三是多家保险机构共建的网上保险业务。我们借鉴上述分类方法，并结合目前网络保险公司的服务内容，将网络保险公司分为如下几种模式：

（1）保险公司网站模式　在这种模式下，各家保险公司通过自己的门户网站，向客户展示保险产品，提供联系方式，扩展销售渠道等。有如下作用：第一，宣传公司及产品；第二，网上购买保险，扩展产品销售渠道；第三，保险公司通过电子商务对客户资料进行管理；第四，提供其他增值服务，如提供免费短信俱乐部、个性化邮件订阅等。这种模式的缺点是内容信息量不足，对公司信息技术水平要求高。

（2）网络保险超市模式　在这种模式下，网络平台把有关联的所有保险公司的保险产品信息放在一个网站上介绍，让用户根据自身实际情况自主选择所需要的保险产品，将用户与保险公司联系起来，从中收取较低的佣金或手续费。在该模式下，客户可以快速寻找到自己需要的各种保险产品信息，可以对比选购多家保险公司的产品。慧择网是我国首家集产品对比、保险垂直交易与预约购买、保险专业咨询互动为一体的综合型第三方保险电子商务平台，联合了十几家大型保险公司共同实现了网上保险实时投保。国外比较典型的是美国的INSWEB，已经与世界上很多著名保险公司有业务协议，同时还通过与其他著名站点连接进行合作的方式，吸引源源不断的客户访问该站点。客户只需在网上输入需求信息，网站就会根据相关信息自动对各家会员保险公司的产品进行比较分析，然后将结果反馈给客户。这种模式盈利点主要有三个：一是供求匹配的中介费，一般向消费者收取；二是为代理人提供消费者信息和需求，并向代理人收取费用；三是广告费等其他费用。

（3）网络保险淘宝模式　这种模式下，网络保险网站既不提供保险产品，也不提供专业的保险信息，只是提供平台，由保险供求双方自行匹配。这个网站的核心是为供求双方提供平台，由供求双方自主选择,同时供求双方的相互交流可以为保险市场提供一些“软”信息，有利于客户进行决策。目前，很多保险公司已经入驻淘宝，包括中国平安、中国人保在内的几家公司在淘宝商城开出了自己的网上旗舰店，在线销售意外险、车险、健康险等保险产品。

（4）网络保险支持平台模式　这类平台不直接提供网络保险产品的买卖，而是为网络保险提供信息和技术支持。信息平台一般由一些非保险类机构创办，这些机构一般有很深的保险业背景，有强大的信息优势和社会公信力。典型代表如中国保险网，为保险从业者和消费者提供保险理论与政策、会员交流与沟通、保险业实时新闻、数据资料、培训信息以及有关保险公司、保险代理人、保险经纪人在内的诸多信息。而网络保险技术支持，则专门为保险公司提供信息技术。典型代表比如易保网，不是买方和卖方之间的中介机构，既不承保，也不做网络保险代理人，不向客户推荐任何一个具体公司的产品，而是为保险公司提供技术保证与服务。

三、投资产品网络销售

目前，网络销售的金融投资产品主要分为三大类：网络理财、网络信托和网络基金。各金融机构纷纷着手嫁接线下理财产品和网络渠道销售，或者直接基于互联网目标客户，重新设计投资、融资理财产品，通过搭建销售平台和第三方销售渠道服务广大线上人群。其主要的模式有以下三种：

第一种，自建平台销售金融产品。随着互联网金融热的兴起，各大商业银行和券商逐步设立了自己的电子商务平台，不仅仅提供支付业务，也提供一揽子金融服务。

第二种，利用第三方渠道销售金融产品。这种模式主要有三种方式：一是在电商平台上开店来销售产品，如淘宝旗舰店等；二是以余额宝为代表的第三方金融产品，主要是与基金公司合作，来推出符合互联网特性的基金产品；三是基金超市，用户可以比价选择不同基金产品，如数米基金网、好买基金网。

第三种，利用社交网络销售金融产品。这种模式指金融机构通过社会化平台，连接金融机构和用户，并以此来销售金融产品。这种模式充分利用了社交网络平台的大数据分析、数据流、云计算和社交关系，能够获得一些“软”信息。同时，通过建立虚拟的线上贵宾室，可以办理需要在金融机构柜台上完成的业务。社交网络平台销售金融产品，可以从根本上改变金融机构与顾客的关系，实现与金融机构的实时对话，对话机会越多，信息共享也就越多，金融机构就越能准确地判断客户的需求。典型代表如微博银行、微信银行、百度金融等。

最后值得一提的是，不是所有金融产品都适合网上营销，特别是复杂程度高、条款个性化、风险高、需要投资者做大量判断的金融产品，要根据各种理财产品的特性来对其进行综合的考量。

四、网络金融交易平台

网络金融交易平台是互联网金融的主要形式之一，以 Second Market、Shares Post 为代表。网络金融交易平台的出现，源于资本市场多层次化发展的内在需求。在股票、债券、衍生品、大宗商品等主流交易场所之外（有的是场内，但更多的则是场外），还有大量金融产品。因为条款标准化程度、风险收益特征、信息披露等方面的原因，适应于不同个人、机构的差异化融资和风险管理需求，适应于不同的托管、交易和清算机制，也适应于具有不同风险识别和承受能力的投资者。很多投资者的风险收益偏好，也需要通过这些金融产品来满足。这就是各种金融交易平台大量出现的原因，不仅我国如此（而且屡禁不止），在发达国家也出现了机构投资者之间的大量“黑池交易”。互联网的介入，主要是拓展这些金融交易平台的交易可能性边界，并提高交易效率。由此，我们可以将金融机构布局互联网金融的进程大致分为四个阶段：一是搭建网络销售平台，这是通过互联网销售金融产品；二是搭建围绕客户的网络平台；三是创设互联网金融产品；四是自建或投资互联网金融企业。这些阶段都是大部分金融机构触网所要经历的步骤。

第五节　金融业互联网化未来发展

一、货币银行

随着互联网的飞速发展，货币存在的形式更加虚拟化，出现了摆脱任何事物形态，只以电子信号形式存在的电子虚拟货币。虚拟货币银行是主要经营虚拟货币的企业，它的存在方便了虚拟资金的筹措与融通，它是金融机构里面重要的一员。和现实银行的业务类似，一方面，它以吸收存款的方式，把网络上闲置的虚拟货币资金和小额货币节余集中起来，然后以贷款的形式借给需要补充虚拟货币的人去使用，在这里，虚拟货币银行充当贷款人和借款人的中介。另一方面，虚拟货币银行为买者和卖者办理虚拟货币的收付、结算等业务，它又充当支付中介。在整个金融体系与线上商务的发展中，虚拟货币银行起到信用中介作用。

二、混业经营

1. 平安银行的线上线下混业经营

平安银行出资建设和运营电子商务云服务平台，并协同物流、第三方信息平台等，构建平安银行生意管家，形成以订单、运单、收单为一体的网络电子平台，从而打通信息流、物流、资金流。平安银行在整个过程中，全面、详细、准确地了解了中小企业的相关数据。这背后体现了平安银行对生产商、供应商、经销商、第三方信息平台等商品生产、流通、销售各环节企业的整合能力，将价值信息转化为供应链信用，两者相互结合，形成平安银行在供应链融资上的有效且核心的贷款审核数据。而基于生意管家中产生的大数据，平安银行结合其供应链融资方案，对不同类型的中小企业提供不同的融资解决方案，使定位更加清晰，风险管控更加明确。

橙子银行是平安银行针对零售客户的互联网金融平台，客户通过各类电子设备开通电子账户，类似银行卡账户，目前主要是存款、理财业务。理财业务主要为两大类：一是平安盈，是与基金公司合作的货币基金；另外一类则是平安银行自身开发的理财产品。目前，范围仍然比较局限，在后期橙子银行应该协调平安集团，进驻保险、基金、信托等各类产品，完成产品线。

理财业务是零售客户的主要业务之一，但是贷款业务才是银行最想发展的业务之一。随着客户量等各方面的成熟，平安银行应会开发适合年轻人的网络贷款业务。由于监管规定，部分业务应当进行线下交易，平安银行正在构建的社区银行网络将会与橙子银行形成合力，使得业务办理更加顺畅。

2. 混业经营的未来展望

未来银行将会与互联网企业等市场主体开展跨界合作，实现优势互补，建立良好的互联网金融生态环境和产业链。在线上线下混业经营的趋势下，银行将会与互联网公司和电商企业建立战略合作关系，积极与各类工业园区、垂直类电商以及大学校园等领域代表企业或单位深入接触，一同构建共赢的商业合作模式，创新实现金融服务效率和效果的提升。

首先，在实现合作共赢的前提下，互联网企业开展的金融业务将以传统银行、证券公司的互联网业务为基础，以支持第三方支付机构的运作和网上基金销售；其次，银行等金融机构将为第三方支付机构、P2P 等互联网企业继续提供资金存管、支付清算、小额贷款等金融服务。此外，证券、基金、期货类机构与互联网企业合作，进一步拓宽金融产品销售渠道，创新财富管理模式，再加上保险公司与互联网企业合作，开展履约保险业务，不断改善互联网金融风险管理的水平，最终达到“互联网公司前台资源整合，金融机构后台资金运营”的混业整合模式。

可以设想，在未来随着互联网金融发展的不断深化，其市场份额和盈利额将不断增加，互联网金融势必会从金融机构的一项业务向部门机构独立出来。

导入案例

中信银行“交易+”开启交易银行新篇章①

2016年3月10日，第32场银行业例行新闻发布会在北京举行。中信银行副行长杨毓在发布会上表示，中信银行自2015年11月推出交易银行品牌“交易+”后，对公业务向“互联网+”迈出了重要一步。中信银行“交易+”已在全国十多个省、市、自治区落地，新增签约客户突破13万户，为企业提供了高效率的全线上金融服务，切实服务了实体经济的发展。

1.C端到B端，全面实施“互联网+”战略

如果说与百度合作设立“百信银行”是中信银行在零售银行领域的深度“触网”，那么“交易+”品牌的推出就代表着中信银行在公司银行互联网金融领域的又一重大举措——从C端到B端，中信银行全方位实施“互联网+”战略。“交易+”是中信银行运用

① 资料来源：华商网 http://www.hsw.cn。

互联网思维对交易银行理念的丰富和发展。“交易+”以“不止于金融”为品牌理念，主旨是在增强企业财务服务的基础上，向企业的业务链条延伸，发挥中信各种资源整合的优势，构建互联的交易生态圈。“交易+”首次整体性推出了“e收付、e财资、e贸融、e电商、e托管、e渠道”等六大子品牌和16个特色产品的交易银行产品体系，开启了中信银行交易银行业务发展的新阶段。

2. 服务实体经济，不止于金融

交易银行的发展离不开国内实体经济的发展。时代的变化，驱使企业的交易需求不断地丰富延伸。“交易+”从企业需求出发，立足满足企业多层次的需求，立足于专业化银行服务，延伸到大金融服务，扩展至跨界交易服务。在增强对企业财务服务的基础上，向企业的业务链条延伸，发挥中信集团各种资源整合的优势，为客户提供全流程、一站式、多渠道、智能化的综合金融服务方案。以海尔电商供应链金融项目为例，中信银行一方面通过支付结算、实时在线融资、在线物流管理、自动预警等多种线上服务，帮助海尔集团提升供应链管理能力，实现银企跨界合作共赢；另一方面，运用互联网和大数据方法，解决中小企业融资难、融资贵的难题，并可实现7×24小时自动放款。

3. 五大举措，着手打造国内一流交易银行

“交易+”首批主打的有16个特色产品，包括：e链通、商贸通、银财通、招标通、银医通、银校通、跨境管家、流动管家、委贷管家、票据库、信e付、银租保、汽车金融、资产托管、养老金、直联行。下一步，中信银行还将加快推出全球现金管理、对公结算卡、MBS多银行财资系统、B2B电子商务、电子票据等迭代创新，满足客户跨业、跨界、跨市场的产品组合使用需求。

本章小结

传统金融机构中银行的互联网化的发展主要包括网上银行、网上商城和直销银行等业务或部门。除了银行之外的其他金融机构的互联网化则包括网络券商、网络保险和其他金融互联网业务的延伸等。其各自都有着不同的发展现状、特点和发展趋势，但可以想象，最后在传统金融机构互联网化的大趋势下，一定会催生出货币银行等专业金融电子货币机构和金融机构的跨界混业经营模式，助推传统金融机构的不断创新与变革。

第三章

互联网业务金融化

导读

互联网金融是传统金融行业与互联网精神相结合的新兴领域。互联网金融与传统金融的区别不仅仅在于金融业务所采用的媒介不同，更重要的在于金融参与者深谙互联网“开放、平等、协作、分享”的精髓，通过PC互联网、移动互联网等工具，使得传统金融业务具备透明度更强、参与度更高、协作性更好、中间成本更低、操作更便捷等一系列特征。要掌握门户网站的发展历程和盈利模式、电子商务的概念和商务模式，了解互联网金融的概念、发展现状和互联网金融的发展趋势。

知识架构

- 互联网业务金融化
  - 门户网站
  - 电子商务
  - 互联网金融
  - 未来发展

导入案例

腾讯网改版凸显"个性化"[①]

深圳市腾讯计算机系统有限公司是中国最大的互联网综合服务提供商之一，也是中国服务用户最多的互联网企业之一，提供的服务包括社交和通信服务QQ及微信、社交网络平台QQ空间、网络视频服务、门户网站腾讯网、腾讯游戏旗下QQ游戏平台、腾讯新闻客户端等。

腾讯公司的门户网站腾讯网是集新闻信息、互动社区、娱乐产品和基础服务为一体的大型综合门户网站，致力成为最具传播力和互动性的互联网媒体平台，通过强大的实时新闻和全面的信息资讯服务，为互联网用户提供丰富的上网体验。

2006年，腾讯启动腾讯网区域门户市场发展战略。2009年1月9日，腾讯将西安腾讯网更名为大秦网，开始推出腾讯地方站系列。腾讯目前已经建成大成网、大楚网、大秦网、大粤网、大豫网、大湘网、大浙网、大申网、大辽网、大苏网等地方站点，形成了规模庞大的"腾讯大网系"，腾讯门户网站地方站逐渐形成气候。

自2012年起，腾讯网为满足用户"个性化、便携性、社会化分享"的需求，先后进行了多次首页改版，改版后的腾讯网首页更凸显了"个性化"特点，其要闻区、频道定制等板块都将依据不同用户的浏览习惯和兴趣而设定。此次改版，标志着门户网站正式进入个性化新闻定制时代。

① 资料来源：IT之家网 https://www.ithome.com。

第一节　门户网站

一、门户网站概述

门户网站是一种建立在搜索引擎基础上的综合性网站，是一个能够给用户提供从平台服务、ISP、ICP、网上搜索服务等网络服务的网络站点。门户的含义就是用户开始网络应用的起点之处。

按照提供信息服务特点的不同，门户网站主要分为综合型门户网站和行业型门户网站（垂直门户网站）。前者在我国主要有新浪、搜狐和网易等，主要提供新闻资讯、搜索引擎、在线游戏、网络邮箱、移动增值、电子商务等各类服务，占有较高的人气；后者则专注于某一领域（或地域），如娱乐、财经、体育、房产、汽车等，在内容与服务方面更加专业、灵活，用户忠诚度和精准度较高，在细分人群的规模效应和网络效应方面凸显其价值。

门户网站是互联网商业模式之一，在互联网发展历程中，国内外的互联网市场中网络门户都曾是互联网发展的主导模式，国外以雅虎、美国在线为代表，而国内则以新浪、搜狐、网易为典型代表。伴随着互联网经济的发展，门户网站已经进入高速发展阶段。目前迫于市场的压力，国内外的门户网站都正处于业务的转型阶段，需要根据企业自身特点调整业务发展的战略方向，开辟多种营收渠道，进行差异化经营。

二、门户网站发展历程

1997 年 6 月，网易公司成立，并正式推出全中文搜索引擎服务。

1998 年 2 月 25 日，爱特信推出中国首家大型分类查询搜索引擎——“搜狐”，并将该公司更名为搜狐公司。1998 年 12 月 28 日，四通利方并购海外最大的华人网站公司华渊资讯，成立全球最大的华人网站新浪网。作为第一批在国内成立的门户网站，新浪等门户网站在起步阶段完全仿造了国外门户网站雅虎的运作模式，模仿其“风险投资 + 网络广告”的发展方式。伴随着互联网经济的迅速发展，网易、搜狐和新浪网成为我国的三大门户网站。

1999 年 7 月 12 日，中华网在美国纳斯达克首发上市，募集股本总额 8 600 万美元。2000 年 1 月再发新股二次上市募集资金 3 亿美元，中华网在纳斯达克受到热烈追捧。随后，2000 年 4 月，新浪在纳斯达克上市融资，成为国内第一家海外上市的门户网站。2000 年 6 月和 7 月，网易和搜狐也相继在美国上市，再次证明了中国互联网概念的炙手可热。然而，就在国内门户网站上市不久，全球出现了网络经济泡沫，包括新浪、网易、搜狐、中华网在内的所有中国概念网络股都相继下跌。2000 年 11 月以后，继续走低的股市、网站并购、网站裁员等事件，使整个网站产业进入低谷期。盈利模式的探索和对盈利时间的预期成为各个门户网站所面临的最紧迫的问题，于是各大门户网站开始调整发展方向。2002 年 7 月，国内三大门户网站先后公布自己第二季度财务报告，宣告企业步入了盈利阶段。经过三年的艰苦转型期，中国三大门户网站从单纯模仿雅虎，进入自我创新的成长期，并有了不同的定位：新浪侧重于“在线媒体及增值资讯服务提供商”；搜狐主打多元化，目标是“一家新媒体、电子商务、通信和移动增值服务公司”；网易则将收费增值服务、网络游戏作为其战略转型突破口。三大门户网站形成了以短信、网络广告和网络游戏为主要方向的门户盈利模式。自 2004 年开始，中国门户网站进入了平稳发展时期。

在新浪、搜狐、网易遭到资本市场下跌打击的同时，国内一些新兴门户网站逐渐兴起。例如，拥有电信背景的263，走跨媒体战略的TOM，联想打造的FM365。这些新兴门户网站从一开始就更加注重投资回收，其服务明显带有功能性的特点，凭借其自身实力和特点在三大门户网站发展处于低谷时，打破了新浪、搜狐、网易的壁垒，从一定程度上改写了中国互联网门户网站的格局。

三、门户网站盈利模式

门户网站作为商业型网站，盈利是其最主要的目标。盈利模式是指企业通过一系列业务来创造价值，从而形成产品或服务流、资金流、信息流，并从客户身上获取收益的商业系统，其基本构成要素有利润点、利润对象、利润杠杆和利润屏障等四个方面。在不断变化的互联网背景下，综合门户网站面临着行业门户网站的挑战，而靠专业领域广告投放为主要盈利来源的行业门户网站的业务模式也亟须转型。

1.从利润点进行分析

利润点是指企业获得利润的产品或服务。我国综合门户网站发展至今已经从最初单一的依靠网络广告收入发展到多元化收入，如新闻、搜索引擎、网络游戏、影音资讯、电子商务等，而行业门户网站的业务则相对单一。

表3-1是2015年三大综合门户网站和搜房网利润点的相关数据，分析比较可知：新浪、搜狐和网易的收入来源主要集中在网络广告、在线游戏和移动增值三大领域，只是由于技术与品牌定位不同，其侧重点有所不同。

表 3-1　2015 年三大综合门户网站和行业门户网站搜房网利润点比较

（单位：亿美元）

<table>
<tr><th colspan="2"></th><th colspan="2">网易</th><th colspan="2">新浪</th><th colspan="2">搜狐</th><th colspan="2">搜房网</th></tr>
<tr><td rowspan="3">利润点</td><td rowspan="3">主要产品及服务</td><td>网络游戏</td><td>26.73（75.9%）</td><td>广告收入</td><td>7.432（84.39%）</td><td>广告收入</td><td>11.17（57.64%）</td><td>网络营销服务</td><td>2.498（28.27%）</td></tr>
<tr><td>广告收入</td><td>2.76（7.8%）</td><td rowspan="2">非广告收入</td><td rowspan="2">1.375（15.61%）</td><td>在线游戏</td><td>6.37（32.88%）</td><td>电子商务服务</td><td>4.748（53.74%）</td></tr>
<tr><td>无线增值及其他</td><td>5.71（16.3%）</td><td>无线业务及其他</td><td>1.84（9.48%）</td><td>增值服务及其他</td><td>1.589（17.99%）</td></tr>
<tr><td colspan="2">总营收</td><td colspan="2">35.20</td><td colspan="2">8.807</td><td colspan="2">19.37</td><td colspan="2">8.835</td></tr>
<tr><td colspan="2">净利润</td><td colspan="2">10.40</td><td colspan="2">1.22</td><td colspan="2">–0.496</td><td colspan="2">–0.345</td></tr>
</table>

2. 从利润对象进行分析

利润对象是指各类的客户。不同类型的门户网站设置多种板块、提供多种服务来吸引不同类型的用户，以获取尽可能多的利润。新浪、搜狐和网易三大综合门户网站，其在品牌知名度、用户数、跨行业等方面具有行业门户网站难以企及的优势，而后者则在用户精准度和行业服务深度方面有着自己的特色。

3. 从利润杠杆进行分析

利润杠杆是指企业生产的产品或服务，以及吸引客户购买和使用产品或服务的一系列业务活动，反映的是企业为了盈利的一部分投入。目前，不管是综合门户网站还是行业门户网站，都对新闻资讯、线下服务等其他业务较为重视，以形成未来具有重要发展潜力的利润杠杆。

4. 从利润屏障进行分析

利润屏障是指企业为了防止竞争者瓜分本企业的利润而采取的

防范措施。一方面，综合门户网站“大而全”，但分配到各个频道的资源以及精确程度却远不及行业门户网站。所以，如何将已有业务捆绑进行资源共享并寻求新的利润点，是综合门户网站考虑的重点。另一方面，行业门户网站也以其定位与所拥有的资源为基础，进行功能性业务开拓，从而提高利润。

四、门户网站遇到的问题

虽然综合门户网站和行业门户网站的盈利模式各有优势，但其存在的问题仍制约着未来发展。首先，综合门户网站占有较高的人气和平台优势，适合于大众市场的标准化产品。但在广告价格相差不大的情况下，客户产品较有针对性时，行业门户网站具有更大的广告价值。其次，各大综合门户网站盈利模式总体来看仍然较为单一，虽然各网站各有侧重，但服务方面仍存在较为激烈的同质化竞争。随着互联网内容与商务整合时期的到来，综合门户网站仍需进行多样化升级改造，进一步分析用户需求，提供个性化、差异化的服务，才能在细分市场领域占据优势。最后，行业门户网站的搜索引擎本身应具有精确性、专业性特点。但目前部分行业的垂直网站搜索引擎不仅无法实现精确化搜索，而且功能较为单一，没有把搜索引擎与网站本身的功能进行有效结合，这些都是有待解决的问题。

五、现状与未来趋势

互联网络的关键在于合作、共赢、跨界。对于新形势下存在相互竞争，同时各自存在发展瓶颈的综合门户网站与行业门户网站来说，关键是整合资源。通过行业间联合或者上下游的扩张，形成完整的产业链，这不仅有利于提高利润空间，还可提升综合竞争力。

1.加强合作，求得共赢

第一类:“自有垂直网站+合作门户频道”。例如,易车网与腾讯、新浪、网易三大门户网站均开展了深度合作，建立起“自有垂直网站+合作门户频道”的核心优势，扩大了客户群体，实现了进一步的资源整合。第二类：“通用搜索+垂直门户”。例如，中国房产信息集团与百度展开战略合作，合作后的乐居信息资讯全面享有百度最优势资源，覆盖范围达到中国99%购房人群。对搜索引擎企业来说，不仅引入新的竞争动力，而且直接支持垂直网站业务的快速发展，有利于用户体验的完整性和需求的精确性。第三类：“垂直网站+电子商务”。目前，在专业领域中的广告投放是大部分垂直网站的主要盈利来源,而这种业务模式已面临严重挑战。未来的竞争,需要把来自目标客户的需求与联盟成员共享，同时要挖掘那些潜在的需求，垂直网站加上电子商务的模式将有利于整合产业链的上下游关系。

2.促进创新，获新生机

企业需在自身优势的基础上，创新盈利模式与策略。例如，合作后的百度乐居利用新浪乐居房地产资料库的楼盘信息系统，不但整合了房地产新闻，还创新出一种按效果付费的新型互联网营销模式，该服务将房产信息搜索与400电话系统联合起来，每个楼盘都与专属的400电话分机号绑定，用户通过网页上的400电话即可直接与开发商进行沟通，不仅提高了用户体验，还大幅降低了单个客户营销成本，使得旗下行业频道再获新机。

总之，无论是综合门户网站还是行业门户网站，需要做的是在自身品牌和平台优势的基础上，不断地探索、创新，或强强联合追求协同发展，去进一步探索和发现具有竞争力的利润来源，在未来互联网信息服务方面占据领先地位。

第二节　电子商务

一、电子商务概述

1. 背景

计算机产业从20世纪70年代末80年代初开始迅速发展，世界经济也随之逐渐向信息经济过渡。在网络技术产生质的飞跃的同时，也正式带领全球国际贸易走进了以电子商务为主的新时代。

自1997年7月美国政府正式发布“全球电子商务政策框架”以来，在全球范围内掀起了电子商务的热潮，电子商务日益成为21世纪经济活动的核心。1998年12月，阿里巴巴正式在开曼群岛注册成立，1999年3月，其子公司阿里巴巴中国在杭州创建。2000~2001年，在互联网泡沫破灭的形势下，电子商务的发展也受到严重的影响，互联网企业经历着冰与火的考验。2003年5月，阿里巴巴投资1亿元推出个人网上交易（C2C）平台——淘宝网。2005年12月7日，业内知名咨询机构易观国际发布报告称，在中国C2C市场上，淘宝网占据了57.10%的市场份额，而eBay中国的这一数字为34.19%，这表明淘宝网已处于绝对领先地位。

2007年9月15日的第四届中国网商大会上，马云说：“未来我们将投资100亿元打造电子商务生态链。”“100亿元”和“电子商务生态链”这两个关键词，为传统企业的B2C商业模式的出世埋下伏笔。同年，线下女鞋领导品牌达芙妮率先与淘宝联手，在淘宝网开设旗舰店，开创了国内线下品牌触网B2C的先河。随着网购主流化进程的加速，消费者的需求也逐渐表现出多样化趋势，更加注重高品质消费。2008 年，淘宝网强势推出淘宝商城，意图整合传统品牌厂商，以传统品牌企业作为商城的主力军，这为传统企业进驻 B2C 吹响了号角。

2011 年是国内 B2C 市场全面爆发的一年，诸多 B2C 网站开疆辟土。京东商城涉足日用百货、图书音像、奢侈品等领域，亚马逊中国、当当网持续推进百货化，苏宁易购也从主营家电、数码向图书、百货拓展。2011 年“双十一”淘宝商城全场促销，创造了十个商家单日单店销售超过千万元的奇迹。2012 年 1 月 11 日，阿里巴巴旗下 B2C 平台淘宝商城在北京举行战略发布会，正式将中文品牌淘宝商城更名为天猫商城。

2008 年以来，受全球金融危机蔓延深化的影响，我国多数行业都遭受了不同程度的冲击，但网络零售的电子商务行业发展却一路繁荣，成为危机背景下的一个亮点。为了推动经济快速回升，商务部于 2009 年发布了《关于加快流通领域电子商务发展的意见》，开始有针对性地扶持和规范各地方企业发展电子商务，致力于将电子商务培植成为后金融危机时期的经济增长点。电子商务引发的是一个超越与被超越的时代，凭借传统实体的供应链资源和独特优势，传统企业发展电子商务是一股不可逆的潮流。

网经社电子商务研究中心在 2018 年发布《2018 年度中国电子商务市场数据监测报告》显示，2018 年中国电子商务交易额达 32.55 万亿元，同比增长 13.5%。其中，2018 年 B2B（企业对企业的营销）交易额达 22.5 万亿元，同比增长 19.8%；网络零售市场交易规模达 8.56 万亿元，同比增长 12.5%。在 2018 年，B2B 服务商不断寻求盈利模式的多元化探索，从而推动整体交易规模的稳定增长；网络零售市场持续升温，行业进入兼并整合期，巨头企业通过收购、兼并等资本投资方式，迅速对新市场、新业务领域进行渗透，同时不断拓展新的业务线。

我国的电子商务市场一直保持着高速增长，我国国民的消费观念也在逐渐向足不出户的电子商务方式上转变。

2. 概念

电子商务通常是指在全球各地广泛的商业贸易活动中，在互联网开放的网络环境下，基于浏览器或者服务器应用方式，买卖双方不谋面地进行各种商贸活动，实现消费者的网上购物、商户之间的网上交易和在线电子支付以及各种商务活动、交易活动、金融活动和相关的综合服务活动的一种新型的商业运营模式。联合国国际贸易程序简化工作组对电子商务的定义是：采用电子形式开展商务活动，包括在供应商、客户、政府及其他参与方之间通过任何电子工具，如 EDI 技术、Web 技术、电子邮件等共享非结构化商务信息，并管理和完成在商务活动、管理活动和消费活动中的各种交易。即使在各国或不同的领域电子商务有不同定义，但其关键依然是依靠电子设备和网络技术进行的商业模式。

随着电子商务的高速发展，它已不仅包括购物的主要内涵，还应包括物流配送等附带服务。电子商务包括电子货币交换、供应链管理、电子交易市场、网络营销、在线事务处理、电子数据交换、存货管理和自动数据收集系统。在此过程中，利用到的信息技术包括互联网、外联网、电子邮件、数据库、电子目录和移动电话。

电子商务一般广义和狭义之分。广义上讲，电子商务一词源自 Electronic Business，就是通过电子手段进行的商业事务活动。通过使用互联网等电子工具，使公司内部、供应商、客户和合作伙伴之间，利用电子业务共享信息，实现企业间业务流程的电子化，配合企业内部的电子化生产管理系统，提高企业的生产、库存、流通和资金等各个环节的效率。狭义上讲，电子商务主要利用互联网从事商务活动，是指通过使用互联网等电子工具（这些工具包括电报、电话、广播、电视、传真、计算机、计算机网络、移动通信等）在全球范围内进行的商务贸易活动。电子商务是以计算机网络为基础所进行的各种商务活动，包括商品和服务的提供者、广告商、消费者、中介商等有关各方行为的总和。人们一般理解的电子商务是指狭义的电子商务。

3. 分类

根据不同的分类标准，可以将电子商务分为不同的类型。

按照商业活动的运行方式，电子商务可以分为完全电子商务和非完全电子商务；按照商务活动的内容，电子商务主要包括间接电子商务（有形货物的电子订货和付款，仍然需要利用传统渠道如邮政服务和商业快递车送货）和直接电子商务（无形货物和服务，如某些计算机软件、娱乐产品的联机订购、付款和交付，或者是全球规模的信息服务）；按照开展电子交易的范围，电子商务可以分为区域化电子商务、远程国内电子商务、全球电子商务；按照使用网络的类型，电子商务可以分为基于专门增值网络（EDI）的电子商务、基于 Intranet 的电子商务、基于互联网的电子商务；按照交易对象，电子商务可以分为企业对企业的电子商务（B2B），企业对消费者的电子商务（B2C），企业对政府的电子商务（B2G），消费者对政府的电子商务（C2G），消费者对消费者的电子商务（C2C），企业、消费者、代理商三者相互转化的电子商务，以消费者为中心的全新商业模式（C2B2S），以供需方为目标的新型电子商务（P2D）。

二、电子商务模式

1.模式简介

根据现代电子商务平台的业务范畴，以销售端的视角将电子商务模式分为提袋大类和非提袋大类。其中，根据其运作模式，提袋大类可以分为平台模式、自营模式和垂直模式；非提袋大类可以分为信息类、服务类。具体分类模式如图 3–1 所示。

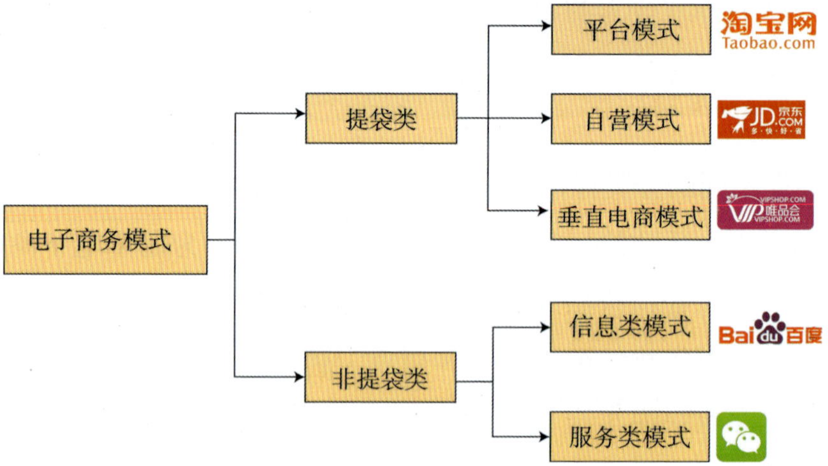

图 3–1　电子商务分类

（1）提袋大类的电子商务模式　提袋大类电子商务模式的业务范畴核心是进行有形商品的交易活动。根据企业运作方式的不同，主要分为三类：平台模式、自营模式和垂直电商模式。

1）平台模式　平台模式指独立于产品或服务的提供者和需求者，通过网络服务平台，按照特定的交易和服务规范，为买卖双方提供服务。该模式具有代表性的电子商务平台是淘宝网，它相当于一个大型线上商场，店家在商场开店，提供各种商品，如服饰、食品、书籍等，顾客通过商品搜索或者店铺搜索找到自己的需求商品或店铺，在第三方平台上完成交易。淘宝网平台模式见图 3–2。

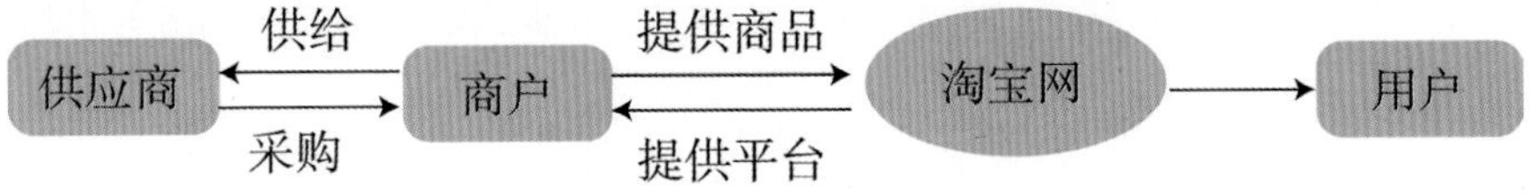

图 3–2　淘宝网平台模式

2）自营模式　自营模式是指产品或服务的提供者又是平台拥有者的电商模式。自营型电商经营者在线上搭建平台，通过企业生产或以较低的进价买入商品，在电商平台商场售出，从而达到盈利的目的。自营模式最具代表性的电子商务平台是京东、苏宁等。京东自营模式见图 3–3。

图 3–3　京东自营模式

3）垂直电商模式　垂直电子商务是指在某一个行业或细分市场深化运营的电子商务模式，其产品主要来源于企业购买。企业通过低价买入，再以相对高价卖出，从差价中获得盈利。这类电子商务平台的典型代表是唯品会。唯品会采用线上销售模式，通过唯品会平台直接提供厂方的商品销售，省去了中间多级的销售渠道。通过与许多品牌厂方长期的合作，形成合作模式，如跨季度的商品采购、计划外库存采购、大批量采购等，货源价格最大优惠化。其“限时限量”模式，减少了商品的积压，并且可以根据订单确定订货量，降低了经营成本，有更大的让利空间。唯品会垂直电商模式见图 3–4。

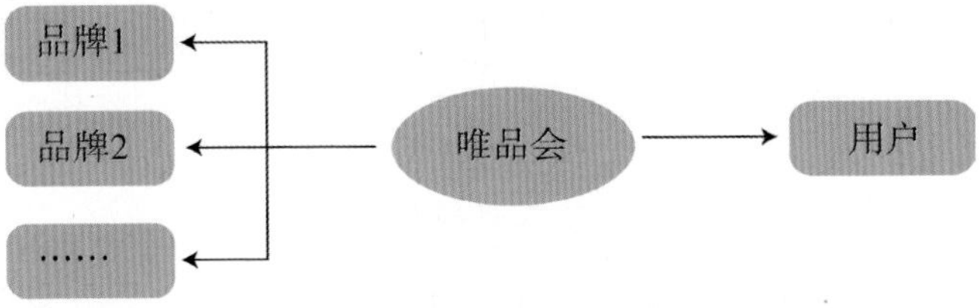

图 3–4　唯品会垂直电商模式

（2）非提袋大类的电子商务模式　非提袋大类电子商务模式主要为消费者提供信息与服务等无形商品。

1）信息类模式　信息类电子商务模式作为中介平台出现，为用户提供特定领域或多个领域的信息，如为用户提供旅游、餐饮等信息，各年龄段的各种需求几乎都可以在这种类型的某个网站中得以满足。具有代表性的电子商务平台有 58 同城等。信息提供者在网站上发布信息，信息需求者根据个人需要寻找信息，并与信息发布者直接联系。在该模式下，平台并不参与到交易中。58 同城信息类模式见图 3–5。

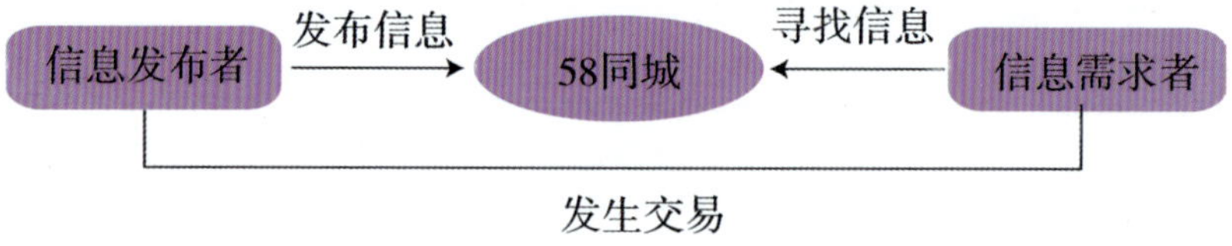

图 3–5　58 同城信息类模式

2）服务类模式　服务类电子商务模式作为第三方外包商，为用户提供网站建设、运营、策划等一站式众包服务。具有代表性的电子商务平台有猪八戒网等。对于买家来说，把需要解决的问题放在猪八戒网上，通过悬赏模式可以获得多种方案，可以选到百里挑一的作品；通过速配模式，可以寻找到能力精准匹配的服务商来提供服务。总而言之，企业机构和个人可以在猪八戒网获得低成本、高效益的服务。猪八戒网服务类模式见图 3–6。

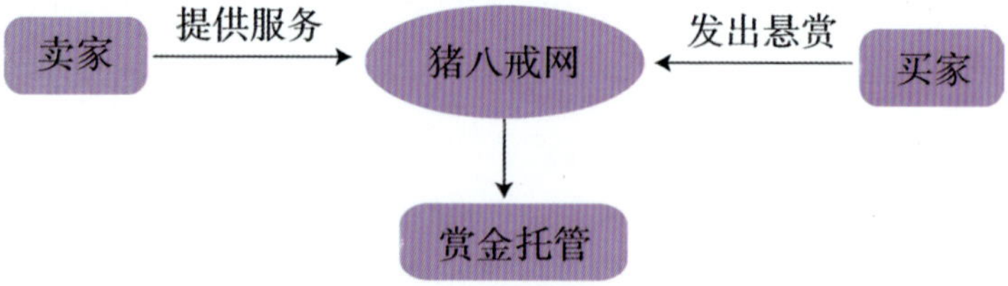

图 3–6　猪八戒网服务类模式

（3）优劣势对比　不同模式下的电商平台由于自身规模、服务对象、经营种类的不同，各自的优劣势也有不同，见表 3–2 所示。

表 3–2　不同模式的电商平台优劣势对比表

模式类型	优势	劣势
平台模式	品种全	质量参差不齐
自营模式	口碑好	种类较少
垂直电商模式	经营成本低	种类较少
信息类模式	信息齐全	信息真实性无法保证
服务类模式	体验差异化	水平参差不齐

三、电子商务发展现状

1. 发展遇到的问题

（1）商业模式创新动能不足　目前，我国电子商务虽然出现了阿里巴巴、京东等行业巨头，但是与我国国情相结合的电子商务模式创新动能不足。虽然网站爆炸式增长，但与网站的“烧钱式”亏损形成了巨大的反差。

（2）企业信息化水平较低　企业信息化水平与电子商务是密不可分的，企业信息化是开展电子商务的基础。企业信息化落后严重制约着电子商务在我国的发展。企业作为电子商务的主体，业务流程和管理过程的信息化是企业开展电子商务的必要前提。

（3）电子商务政策法规不健全　在宏观层面上，政策法规不健全、标准不统一以及商务实践的盲目性一定程度地制约了我国电子商务发展。电子商务不仅涉及参加交易的双方，而且涉及不同地区、不同国家的工商管理、海关、保险、税收、银行等部门。这就需要有统一的法律和政策框架以及强有力的跨地区、跨部门的综合协调机构。现行管理体制基本上是计划经济时代的产物，集中表现为条块分割、设置不合理、协调不够、办事效率低下、对新经济适应性较差。

总体来看，针对电子商务的专门立法空缺，尤其是在跨国家、跨地区、跨部门协调方面存在不少问题。

2. 未来趋势

历经多年沉淀，电商行业在 2015 年表现得更加波涛汹涌，例如京东以 43.1 亿元重资入股永辉超市，阿里与苏宁联姻，滴滴与快的、美团与大众点评分别宣布合并。电商企业在通过一系列投资收购、进行集团化布局的同时，开始以巨头合作的形式进行寡头对决。同时，政策利好则为行业点亮指路明灯，在持续发力下，电商寡头对决成为行业未来的格局走向，已经崭露头角的跨境电商、移动电商、农村电商将成为新的“三驾马车”。

第三节　互联网金融

一、互联网金融概述

互联网金融是指传统金融机构与互联网企业利用互联网技术和信息通信技术实现资金融通、支付、投资和信息中介服务的新型金融业务模式。互联网金融不是互联网和金融业的简单结合，而是在实现安全、移动等网络技术水平上，被用户熟悉接受后（尤其是对电子商务的接受），自然而然为适应新的需求而产生的新模式及新业务，是传统金融行业与互联网精神相结合的新兴领域。

互联网金融发展大事记（部分），见表 3–3。

表 3–3　互联网金融发展大事记（部分）

时间	事件
2011 年 5 月 18 日	中国人民银行开始发放第三方支付牌照，标志着互联网与金融结合的开始

续 表

时间	事件
2011 年 8 月 23 日	银监会下发《关于人人贷有关风险提示的通知》，P2P 首次获得广泛关注
2012 年 6 月	建设银行推出“善融商务”，标志着金融机构进入电商领域
2012 年 8 月	中投公司谢平在 CF40 人论坛上发表《互联网金融模式研究》报告，首次提出互联网金融的概念
2013 年 3 月 15 日	证监会发布《证券投资基金销售机构通过第三方电子商务平台开展业务管理暂行规定》
2013 年 6 月 13 日	支付宝联手天弘基金上线“余额宝”，上线 3 个月，规模达 556.53 亿元
2013 年 8 月 7 日	微信支付功能上线
2013 年 11 月 6 日	首家互联网保险公司——众安在线财产保险股份有限公司开业
2013 年 12 月 3 日	中国支付清算协会成立互联网金融专业委员会，启动行业自律
2014 年 1 月 21 日	微信抢红包功能上线，腾讯、阿里移动支付争夺战正式打响
2014 年 3 月 5 日	李克强总理政府工作报告体现互联网金融
2014 年 7 月 25 日	前海微众银行、天津金城银行、温州民商银行三家民营银行正式获批筹建
2015 年 7 月 18 日	央行联合十部委正式发布了《关于促进互联网金融健康发展的指导意见》，标志着国内 P2P 网贷行业开始告别野蛮生长时代，首次定义了互联网金融的概念
2015 年 7 月 31 日	国家又出台了《非银行支付机构网络支付业务管理办法(征求意见稿)》，意见稿强调了第三方支付的中介属性，行业迎来快速洗牌期
2015 年 12 月 18 日	宜信公司旗下宜人贷登陆美国纽交所，成为国内互联网金融行业赴美上市第一股，提振了我国 P2P 行业发展信心
2015 年 12 月 28 日	银监会起草了《网络借贷信息中介机构业务活动管理暂行办法（征求意见稿）》，促进网络借贷行业健康发展

互联网的特性，一方面决定了互联网金融的传播效率远高于传统金融；另一方面互联网受众群体逐年增加，使得中国的互联网金融具有极大的发展空间，而受众群体年轻化发展，也使得互联网金融具有高增长率和成长性。互联网金融，顺应时代的需求，必将迎来一个蓬勃发展的春天。

二、互联网金融模式

目前大家普遍接受的对互联网金融分类的模式主要有大数据金融、第三方支付、P2P 网贷、众筹、信息化金融机构、互联网金融门户六大类，但由于互联网金融正处于快速发展期，目前的分类仅是一个阶段性的粗浅分类，即使将电子货币、虚拟货币归入第三方支付,六大模式也无法包容诸如比特币等新兴互联网金融创新产物。在本书中，我们不探讨互联网金融的分类模式，只是对支付宝和微信支付进行分析。

1. 支付宝，全面发力移动端

从支付宝发布的 9.0 版本开始，支付宝不再只是一个互联网支付平台，同时它也成为涵盖各类消费的移动金融生态平台。当用户在使用支付宝进行转账等业务时，在 PC 端需要支付一定的手续费，而在移动端一直奉行免费策略，这对于很多 PC 端用户而言，无疑会促使他们下载支付宝的手机 APP。

从合作的角度看，支付宝作为接入电商、团购、O2O 等各类线上消费平台的支付工具，必然要不断创新移动端，创造快捷、安全的支付条件，支付与电商生态是相辅相成的。

从竞争的角度看，支付宝最大的竞争来自微信支付。凭借社交平台的独特优势，微信支付在移动端所表现出来的爆发力让支付宝难以企及，所以良好的竞争能够促进支付宝创新升级。

从线下支付的角度看，支付宝正在全面进军线下支付市场。而支付宝钱包通过依附智能手机，大大提升了线下支付的便利性。比如滴滴、快的大战，其实背后争夺双方就是支付宝和微信支付的线下抢夺战。

2. 微信支付，百分百移动端

微信支付是集成在微信客户端的支付功能，用户可以通过手机完成快速的支付流程。微信支付以绑定银行卡的快捷支付为基础，向用户提供安全、快捷、高效的支付服务。作为国内第一移动客户端，其拥有大量的用户。尤其是微信红包掀起的发红包大潮，让微信支付的用户在手机端出现了爆发式增长。目前微信的支付功能包括转账、充值、理财、生活缴费、城市服务、信用卡还款、红包、AA 收款等，同时也是滴滴、京东、大众点评等第三方平台的支付服务提供商。

微信支付实际上是依托于财付通发展起来的，对比腾讯自家的两大金融产品微信支付和财付通，微信支付也正在进行全面的移动金融生态布局。

第一，通过对微信公众号商家的开放，微信支付正在接入越来越多的移动商家。在帮助这些商家打通移动支付闭环的同时，构筑了微信支付强大的生态壁垒。很多消费者通过各类微信公众号进行支付时，可直接使用微信支付完成。

第二，微信支付通过与线下零售商和百货商场达成合作，让越来越多的线下商家能直接在线下通过手机微信进行付款，支付过程非常方便。对于这类线下的零售商和百货商场来说，与微信支付达成合作，也同样为他们拓展线上业务打通了支付关。

第三，微信在微信钱包里接入了微信红包、转账、手机充值、理财通、生活缴费、滴滴出行、大众点评、京东购物、微信电影等系列入口，围绕着微信支付构建了自有的生态体系，同时也大大增强了微信支付的用户黏性。

第四，微信支付也正在与越来越多的电商平台、O2O 平台、团购网站进行合作，对外进行全面开放。过去在 PC 时代，电子商务占据了线上支付的主流，在淘宝和天猫的支撑下，支付宝一家独大，而在现今移动互联网时代，O2O 的兴起，微信支付反而更受到这类平台商家的欢迎。

三、互联网金融发展现状

1. 发展遇到的问题

第一，我国的互联网金融是随着互联网等信息技术的快速发展和广泛应用而自发形成和发展起来的，先后经历了从网上银行到第三方支付和 P2P 网络借贷，再到大数据金融和第三方支付理财的发展历程，使得其在发展过程中暴露出了缺乏有效管理的问题。这些问题突出表现在以下三个方面：第一，依托电子商务发展产生的大数据而发展起来的大数据金融，最初是由电商平台与商业银行合作实现的，而后二者逐渐分立，演化出了电商大数据金融和商业银行自建电子商务平台开展大数据金融两种形式。而对于商业银行自建电子商务平台，由于商业银行并不熟悉电子商务平台的运作模式，故其发展困难重重。第二，互联网理财在近年的井喷式发展，对传统银行存款业务和理财产品形成了冲击，甚至通过影响货币乘数极大地影响了我国货币政策的实施效果和金融体系的稳定性。第三，由于 P2P 网络借贷具有的低门槛和监管工作量大等特点，P2P 网络借贷平台疯狂发展及不断倒闭也给社会经济发展带来了巨大的风险和负面影响。

第二，互联网信息技术和信用体系建设有待完善。互联网金融发展的基础是计算机网络通信系统和互联网金融软硬件系统等互联网信息技术以及信用体系建设，故互联网信息技术和信用体系建设的完善程度对我国互联网金融的发展起着至关重要的作用。

第三，互联网金融监管体系的不健全，一定程度上制约了互联网金融的稳定健康发展。现阶段，我国的互联网金融监管体系是在20世纪90年代中期沿袭传统金融监管体系的基础上形成的。但其后，特别是2013年以来，随着互联网金融的快速发展，这一监管体系暴露出了诸多问题。

2. 未来趋势

互联网金融的发展，机遇和挑战并存，这更加需要其中的参与者不断创新探索。互联网金融在实现金融包容和服务创新方面，具有独特的发展前景与战略意义。虽然目前中国互联网金融发展方兴未艾，各界评论褒贬不一，然而值得肯定的是，互联网金融在我国正在成为一种新兴业态，由此引发金融市场的“鲶鱼效应”和“普惠金融”理念正在倒逼金融体制改革和金融服务创新，进而成为影响未来金融发展格局的重要变量。

在未来，互联网金融将逐步转入“分类监管、有序竞争”的发展阶段，成为传统金融的有益补充。国际经验已经表明，互联网金融与传统金融之间并非一种“非此即彼”的替代关系，而是丰富金融生态环境的互补与共生力量，关键在于相关政策能否着力于培育信息化、国际化和法制化的营商环境。为此，深化金融体制改革必须从构建公平竞争的营商环境入手，革除各种形式的金融垄断，加快利率市场化进程，鼓励互联网金融业态创新。同时，也要强化互联网金融分类监管，加快信息基础设施建设，完善第三方支付凭证管理等。进一步发挥互联网金融在中国经济升级过程中的驱动作用，通过深化改革、简政放权，创造公平的竞争环境，充分发挥互联网金融在资源配置、价格发现、信息对称、降低成本等方面的功能与优势，合理解决互联网金融发展过程中遇到的各类问题，培育和助推中国经济创新转型的互联网金融企业。

第四节　未来发展

一、数据公司

1. 概述

大数据主要是指无法在可承受的时间范围内用常规软件工具进行捕捉、管理和处理的数据集合，是需要新处理模式才能具有更强的决策力、洞察力和流程优化能力的海量、高增长率和多样化的信息资产。麦肯锡全球研究所对大数据给出的定义是：一种规模大到在获取、存储、管理、分析方面大大超出了传统数据库软件工具能力范围的数据集合，具有海量的数据规模、快速的数据流转、多样的数据类型和价值密度低等特点。

而大数据技术的战略意义不在于掌握庞大的数据信息，而在于对这些含有意义的数据进行专业化处理。数据公司通过对企业海量数据进行分析、处理，整合各类相关数据，利用不同的数据源联动分析出结果，为企业提供征信评级信息，或者为企业提供相关决策信息，帮助企业了解用户、锁定资源、规划生产、做好运营、开展服务。同时，也可以为投资者提供有价值的投资信息，帮助投资者进行价值分析。目前，数据公司主要涉及金融服务、零售、医疗卫生、执法、电信、能源与公共事业、数字媒体、交通运输等行业。有关大数据的大事记（部分）见表 3–4。

表 3-4　有关大数据的大事记（部分）

2005 年	Hadoop 项目诞生，它是雅虎公司用来解决网页搜索问题的一个项目，是由多个软件产品组成的一个生态系统，可以实现全面功能和灵活的大数据分析
2008 年 12 月	大数据得到部分美国知名计算机科学研究人员的认可，业界组织计算社区联盟发表了一份有影响力的白皮书《大数据计算：在商务、科学和社会领域创建革命性突破》
2009 年	印度政府建立了用于身份识别管理的生物识别数据库，联合国全球脉冲项目已研究了如何利用手机和社交网站的数据源来分析预测从螺旋价格到疾病暴发之类的问题
2009 年	美国政府通过启动 Data.gov 网站的方式进一步开放了数据的大门，这个网站向公众提供各种各样的政府数据
2010 年 2 月	肯尼斯·库克尔在《经济学人》上发表了长达 14 页的大数据专题报告《数据，无所不在的数据》
2011 年 2 月	IBM 的沃森超级计算机每秒可扫描并分析 4TB 的数据量，并在美国著名智力竞赛电视节目《危险边缘》（Jeopardy）上击败两名人类选手而夺冠。后来《纽约时报》认为这一刻为“大数据计算的胜利”
2011 年 12 月	工信部发布的《物联网“十二五”发展规划》中，把信息处理技术作为 4 项关键技术创新工程之一提了出来，其中包括海量数据存储、数据挖掘、图像视频智能分析，这都是大数据的重要组成部分
2012 年 4 月	谷歌推出的一项企业级大数据分析的云服务 BigQuery，用来在云端处理大数据
2012 年 7 月	联合国在纽约发布了一份关于大数据政务的白皮书《大数据促发展：挑战与机遇》，总结了各国政府如何利用大数据更好地服务和保护人民
2013 年 6 月	美国零售巨头沃尔玛成功收购数据分析初创公司 Inkiru，以帮助建立起电子商务能力，并与亚马逊的在线业务相竞争
2013 年 9 月	腾讯云开放战略发布会在北京举行，正式宣布全面开放。据悉，腾讯云定位于服务互联网应用开发者的公有云平台，覆盖了计算云、数据云、个人云三个层面
2014 年 4 月	世界经济论坛以“大数据的回报与风险”为主题发布了《全球信息技术报告（第 13 版）》
2014 年 5 月	美国白宫发布了 2014 年全球“大数据”白皮书的研究报告《大数据：抓住机遇、守护价值》

目前，可将国内做大数据的公司分成两类：一类是已有获取大数据能力的公司，如百度、腾讯、阿里巴巴等互联网巨头以及华为、浪潮、中兴等国内领军企业，涵盖了数据采集、数据存储、数据分析、数据可视化以及数据安全等领域；另一类则是初创的大数据公司，这类公司依赖于大数据工具，针对市场需求，根据数据处理的结果为市场带来创新方案并推动技术发展。到目前为止，大多数的大数据应用需要第三方公司提供服务。

大数据从数据采集、存储、处理、分析挖掘、展现各个环节在不同行业都有相关应用，具体来说，将大数据创业公司分为数据资源、数据技术、行业应用三个方向（见表 3–5）。2015 年，在国内融资的大数据创业公司约有 51 家，总融资金额超过 50 亿元，见图 3–7。

从表 3–5 中公司的融资情况来看，中国的大数据创业企业发展程度很不平衡。虽然已经有成熟的大数据产业链，但在硬技术方面比较欠缺。由图 3–7 可知，针对大数据行业应用的创业公司占据较大市场，其中提供营销和金融风控数据服务的创业公司最多。

表 3–5　大数据创业公司应用方向

	应用方向	公司名
行业应用	广告推荐（12 家）	秒针系统、百分点等
	征信（8 家）	百融金服等
	金融（2 家）	数联铭品等
	交通（2 家）	海视智能等
	旅游（1 家）	妙计旅行
	影视（2 家）	艺恩、艺漫
	医疗（1 家）	其明信息
数据技术	分析（10 家）	永洪科技等
	存储管理（7 家）	华云数据、数梦工场等
	采集（1 家）	八爪鱼
数据资源	交易（5 家）	九次方、数据堂等

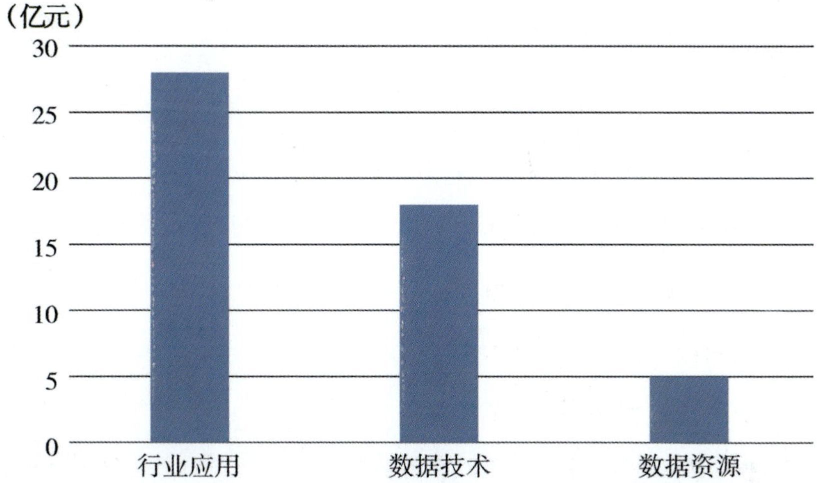

图 3-7　大数据创业公司融资情况

随着技术和理念的发展，大数据在中国逐渐普及开来，行业应用日益增多。企业通过引进大数据，改善经营管理，提升与此相支撑的数据采集、可视化等硬件技术，增强企业竞争力，扩大市场规模。除了营销、金融等原本就需要数据驱动的行业外，大数据还可应用在健康医疗、交通、气象、公共服务治理等方面。

2. 发展趋势

大数据的出现，带来了新一波的创新浪潮。目前很多创业公司已经有了很好的行业知识、技术架构、数据采集能力和算法分析能力，这些给未来行业的深入发展打下了良好的基础。同时大数据的相关培训，为大数据人才的培养创造了良好的条件。但大数据在中国发展的时间才不过几年，从技术到分析水平都还在起步阶段。在技术基础设施领域，中国创业公司创新明显欠缺，同时也存在部分企业并没有相关的技术实力，却乘着政府政策扶植的东风谋求发展，给行业带来一定的概念泡沫的情况。

3. 大数据的发展

大数据的出现，开启了一次重大的时代转型。过去，在 IT 领域，技术是发展的核心力量。如今，随着大数据技术的发展，数据的价值凸显，信息的重要性日益提高，今后将是数据推动技术的进步。大数据不仅改变了社会经济生活，也影响了每个人的生活和思维方式。

大数据发展的主要方向如下：

（1）规模更大、种类更多、结构更复杂的数据　虽然目前以 Hadoop 为代表的技术取得了巨大的成功，但是随着大数据的迅猛发展，各类相关技术也会随之更新换代。就如同 Hadoop，它的理论基础早在 2006 年就已诞生，为了能更好地应对未来规模更大、种类更多、结构更复杂的数据，很多研究者已经开始关注此问题，其中最为著名的当属谷歌的全球级的分布式数据库 Spanner，以及可容错可扩展的分布式关系型数据库 F1。未来，大数据的存储技术将建立在分布式数据库的基础上，支持类似于关系型数据库的事务机制，可以通过类 SQL 语法高效地操作数据。

（2）数据的资源化　大数据蕴含了无数资源，也就有了很大的商业价值。从大数据的价值链分析，其价值来自数据本身、技术和思维，而核心就是数据资源。离开了数据，技术和思维是无法创造价值的。不同数据集的重组和整合，可以创造出更多的价值，可以将数据使用权进行出租和转让，以获得巨大的利润。

（3）大数据可视化　在许多人机交互场景中，都遵循所见即所得的原则，例如文本和图像编辑器等。在大数据应用中，混杂的数据本身是难以直接辅助决策的，只有将分析处理后的结果以友好具体的形式展现，才会被用户接受并加以利用。报表、直方图、饼状图、回归曲线等经常被用于表现数据分析的结果，以后肯定会出现更多的新颖的表现形式，例如微软的“人立方”社交搜索引擎，使用关系图来表现人际关系。

（4）面向数据　程序是数据结构和算法，而数据结构就是用于存储数据的。在程序设计的发展历程中，也可以看出数据的地位越来越重要。在逻辑比数据复杂的小规模数据时代，程序设计以面向过程为主；随着业务数据的复杂化，催生了面向对象的设计方法。如今，业务数据的复杂度已经远远超过业务逻辑，程序也逐渐从算法密集型转向数据密集型。可以预见，一定会出现面向数据的程序设计方法，如同面向对象一样，在软件工程、体系结构、模式设计等方面对 IT 技术的发展产生深远的影响。

二、混业经营

1. 概述

本书所提到的混业经营是指互联网企业利用互联网技术和信息通信技术涉足金融业务，实现资金融通、支付、投资和信息中介服务的新型业务模式。其发展模式主要有众筹、P2P 网贷、第三方支付等。国外的混业经营较为成熟，而国内还处于发展阶段，相关法律法规相对缺乏，在未来一段时间仍将处于探索阶段。混业经营的大事记（部分）见表 3–6。

表 3–6　混业经营的大事记（部分）

2005 年 1 月 26 日	瑞士达沃斯世界经济论坛上，马云首先提出第三方支付平台，2005 年被称为“支付元年”
2007 年 6 月	上海拍拍贷金融信息服务有限公司成立，揭开我国 P2P 网络借贷发展的新篇章
2009 年 9 月	阿里云计算公司成立，4 个月后基于云计算的贷款产品开始上线

续 表

2013 年 6 月 13 日	余额宝上线，2013 年被称为“互联网金融元年”
2014 年 4 月 21 日	银监会首次提出对 P2P“四条红线”的底线监管思路，有利于规范 P2P 行业的发展
2014 年	2014 年被称为“P2P 的监管年”，P2P 行业规模增长超过 100%，从 2013 年的近 1 000 亿元，快速增长到 2 000 多亿元
2015 年	截至 2015 年 10 月，共有 186 家股权众筹平台上线，2015 年被称为“股权众筹元年”

互联网公司在选择开展金融业务时，可以选择三种业务方向。一是靠金融业务本身获得直接收益；二是通过提供金融服务增强原业务体系收益能力；三是更看重金融业务未来在生态体系中的价值。互联网公司较少从事 P2P、股权众筹等热门业务，更多的是利用现有入口资源、数据资源与金融业务结合产生收益。体现在渠道类产品覆盖广泛，消费贷款、供应链贷款兴起，大公司做征信和支付的意愿强烈。

2. 阿里巴巴集团的混业经营

阿里巴巴集团成立于 1999 年，创建至今已经成长为一家在电子商务、物流、金融、文化传媒、社交娱乐、O2O、旅游、移动互联网等领域领先同行业的多元化的企业。近年来，在互联网金融领域积极开拓，其对电子商务发展趋势的独特洞察力，使得支付宝在第三方支付平台领域遥遥领先；为了解决中小微企业贷款难的困境，联合其他企业成立阿里巴巴小额贷款公司，为中小型企业提供便捷的线上贷款服务；为了推动普惠金融在我国的发展，通过渠道创新推出余额宝，这种余额增值的服务为大众理财开拓了新的渠道。通过不断地整合、创新，阿里巴巴走在互联网金融发展的前沿，为我国互联网金融的发展起到了重要推动作用。阿里巴巴架构见图 3–8。

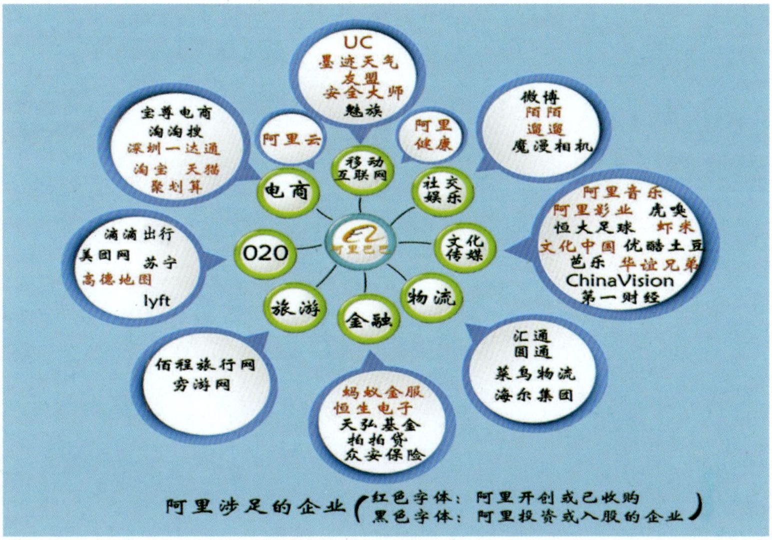

图 3-8 阿里巴巴架构

导入案例

新浪进军互联网金融领域[①]

新浪是一家服务于中国及全球华人社群的领先在线媒体及增值资讯服务提供商。新浪拥有多家地区性网站，通过旗下五大业务主线，即提供网络资讯及内容服务的新浪网、提供移动增值服务的新浪无线、提供Web 2.0服务及游戏的新浪互动社区、提供搜索及企业服务的新浪企业服务以及提供网上购物服务的新浪电子商务，向广大用户提供包括地区性门户网站、移动增值服务、搜索引擎及目录索引、兴趣分类与社区建设型频道、免费及收费邮箱、博客、影音流媒体、网络游戏、分类信息、收费服务、电子商务和企业电子解决方案等

① 资料来源：新浪财经网 https://finance.sina.com.cn。

在内的一系列服务。公司大部分的收入来自网络广告和移动增值服务，少部分来自搜索及其他收费服务。

2013年3月20日，新浪正式获得中国证监会下发的基金销售支付结算牌照，这是继新浪获得中国人民银行颁发的第三方支付资质牌照以后又一重要的金融许可证，为其进军互联网金融领域铺平了道路。

2013年4月新浪微博迎来最大战略投资者阿里巴巴，双方签署战略合作协议，阿里巴巴斥资5.86亿美元购入新浪微博发行的优先股和普通股，占微博公司全稀释摊薄后总股份的约18%，未来可增持至30%。

本章小结

门户网站是一种建立在搜索引擎基础上的综合性网站，是一个能够给用户提供从平台服务、ISP、ICP、网上搜索服务等基本全部网络服务的网络站点，可分为综合型门户网站和行业型门户网站。

电子商务简单说就是使用电子工具从事商务活动。它极大地改变了人们生活消费的观念和方式，也为互联网金融的发展奠定了基础。

互联网金融是传统金融行业与互联网精神相结合的新兴领域。互联网金融与传统金融的区别不仅仅在于金融业务所采用的媒介不同，更重要的在于金融参与者深谙互联网“开放、平等、协作、分享”的精髓，通过互联网、移动互联网等工具，使得传统金融业务具备透明度更强、参与度更高、协作性更好、中间成本更低、操作上更便捷等一系列特征。

大数据主要是指无法在可承受的时间范围内用常规软件工具进

行捕捉、管理和处理的数据集合，是需要新处理模式才能具有更强的决策力、洞察发现力和流程优化能力的海量、高增长率和多样化的信息资产。国内做大数据的公司分成两类：一类是已有获取大数据能力的公司，如百度、腾讯、阿里巴巴等；另一类则是初创的大数据公司，这类公司依赖于大数据工具，针对市场需求，根据数据处理的结果为市场带来创新方案并推动技术发展。

混业经营是指互联网企业利用互联网技术和信息通信技术涉足金融业务，实现资金融通、支付、投资和信息中介服务的新型业务模式。其发展模式主要有众筹、P2P网贷、第三方支付等。

第四章

基于互联网的 P2P 网络借贷

导读

P2P 网络借贷指个人与个人间的小额借贷交易，一般需要借助电子商务专业网络平台帮助借贷双方确立借贷关系并完成相关交易手续。借款者可自行发布借款信息，包括金额、利息、还款方式和时间，实现自助式借款；借出者根据借款人发布的信息，自行决定借出金额，实现自助式借贷。要了解 P2P 网络借贷国内外发展历程，P2P 国内不同资本系别的优缺点，P2P 网络借贷不良模式以及未来发展趋势，P2P 网络借贷与银行微贷的异同等内容。

知识架构

- 基于互联网的 P2P 网络借贷
  - 国外典型的网络借贷
  - 国内网络借贷
  - P2P 网络借贷的发展趋势
  - P2P 融资与银行微贷对比

导入案例

2015年是P2P的监管年[①]

2015年12月28日，按照党中央、国务院工作部署和中国人民银行等十部委《关于促进互联网金融健康发展的指导意见》（以下简称《指导意见》）进行有关职责分工，银监会会同工业和信息化部、公安部、国家互联网信息办公室等部门研究起草了《网络借贷信息中介机构业务活动管理暂行办法（征求意见稿）》（以下简称《暂行办法》），并向社会公开征求意见。P2P监管细则有助于净化市场环境，对平台而言，更明确了将合规化进行到底的发展方向。

《暂行办法》的官方解读开宗明义地指出，个体网络借贷是指个体和个体之间通过互联网平台实现的直接借贷，即大众所熟知的P2P个体网贷，属于民间借贷范畴，受合同法、民法通则等法律法规以及最高人民法院有关司法解释规范。网贷业务是以互联网为主要渠道，为借款人和出借人实现直接借贷提供信息搜集、信息公布、资信评估、信息交互、借贷撮合等服务。网络借贷信息中介机构是指依法设立、专门经营网贷业务的金融信息服务的中介机构，其本质是信息中介而非信用中介，因此其不得吸收公众存款、归集资金设立资金池，不得以自身为出借人提供任何形式的担保等。

《暂行办法》再次强调"平台不提供担保，不得非法吸储，不得设立资金池以及明确平台信息中介性质"等"四条红线"，细则约定网络借贷信息中介机构不仅应当向工商登记注册地地方金融监管部门备案登记，还应当依法向通信主管部门履行网站备案手续，

① 资料来源：中国人民银行网站 http://www.pbc.gov.cn。

终止网络借贷业务后，还必须及时告知地方金融监管部门，并办理备案注销。细则加强了对出借人与借款人的权益保护。规定网贷平台必须在官网上披露借款人的必要信息，同时要披露平台自身的经营管理信息；网贷平台必须找银行做资金存管，并且应当聘请会计师事务所对重点环节实施审计，聘请有资质的信息安全测评认证机构定期对信息安全实施测评认证。综合来看，《暂行办法》更多体现了政府“引导为主，监管为辅”的监管思路。

第一节　国外典型的网络借贷

一、产生背景

穆罕默德·尤努斯博士于 1979 年在孟加拉国国有商业银行体系内部创立了格莱珉（意为“乡村”）分行，为贫困的孟加拉妇女提供小额贷款业务。1983 年 10 月 2 日，格莱珉银行正式独立，作为非营利组织，通过开展无抵押的小额信贷业务和一系列的金融创新机制，向贫穷的农村妇女提供担保资金量较小的贷款（即小额贷款），不仅创造了利润，而且使成千上万的穷人，尤其是妇女摆脱了贫困，使扶贫者与被扶贫者达到双赢。“格莱珉模式”应运而生。这被普遍认为是全球第一家小额贷款组织，P2P 小额贷款模式由此产生。此前，P2P 小额贷款主要是线下模式，直到 2005 年 3 月，世界上第一家 P2P 网络借贷平台 Zopa 的诞生，乡村银行的网络版 P2P 网络借贷才被广泛传播。

当然，P2P 模式毕竟相对于乡村银行还有较大的差异。这主要表现在：首先，企业性质不同，乡村银行是银行，而 P2P 只是信贷中介；其次，盈利方式不同，乡村银行是银行的模式，它的利润主要来自存贷利差，而 P2P 的利润主要是向借款人和出借人（主要是借款人）收取一定数目的手续费。

二、P2P 概念

P2P 是 peer-to-peer 或 person-to-person 的简写，意思是：个人对个人。P2P 网络借贷指个人与个人间的小额借贷交易，一般需要借助电子商务专业网络平台确立借贷关系并完成相关交易手续。借款者可自行发布借款信息，包括金额、利息、还款方式和时间，实现自助式借款；借出者根据借款人发布的信息，自行决定借出金额，实现自助式借贷。

三、发展历程

1.Zopa

2005 年 3 月，Zopa 在英国伦敦成立，P2P 借贷行业的帷幕就此展开。Zopa 将其自身定位为一种连接贷款者（投资者）与借款者的网络平台：借款者登录 Zopa 网站上传借款申请；经过 Zopa 的匹配，投资者借钱给他们，并获得一笔不小的贷款利率作为回报。而 Zopa 收取投资者总资金 1% 的手续费，收取借款者 30~610 英镑的手续费。据 2014 年 2 月的数据显示，借款者的借款利率为 4.5%~15.5%，高信用借款者平均借款利率为 5.6%；贷款者获得的平均年利率收益为 4.9%。

如今，Zopa 是英国最大的 P2P 网络借贷公司。主要的三种借款用途为：汽车贷款、偿还信用卡贷款、购买家庭必需品消费贷款。

2.Prosper

2006 年 2 月，Prosper 在美国成立，属于营利性网络借贷平台，但它只提供交易，属于典型的单纯中介型 P2P 网络借贷平台。从 2006 年 1 月至 2008 年 1 月，Prosper 促成了 1.17 亿美元的贷款交易，在美国国内的注册会员已达到 58 万人，到 2011 年年初注册会员更是达到 98 万多人，业务范围也由美国扩展到意大利、日本等地。

Prosper 的商业模式具有以下特点：其一，借贷双方在网络平台上完全自主交易，Prosper 不会干预交易过程。其二，出借人根据借款人的个人经历、朋友评价和社会机构的从属关系来进行审查。其三，为控制信用风险，Prosper 对所有借款人进行信用评级并据此确定其借款利率。信用等级由高到低依次为:AA、A、B、C、D、E 和 HR（high risk）。

3.Kiva

Kiva 成立于 2005 年，是一家联系着欧美出借人与发展中国家借款人(以企业为主)提供跨境小额贷款服务的非盈利型 P2P 网络借贷平台，以消除贫困为宗旨。

Kiva 采取“批量出借人 + 小额借贷”的形式开展业务，这种模式有三大特点。其一，Kiva 是不以盈利为目的，其借款人为发展中国家的低收入企业，主要提供三种类型的贷款：集体贷款、住房贷款和农业贷款；其二，Kiva 利用国际贸易支付工具 PayPal 实现跨国资金的放贷，即时支付，即时到账，放贷过程快速便捷；其三，Kiva 不与借款人直接联系，而是通过各地的合伙人来间接放贷。

4.Lending Club

Lending Club 成立于 2006 年，是第一家注册为按照美国证券交易委员会（SEC）的安全标准向个人提供个人贷款，投资人购买 Lending Club 发行的“会员偿付支持债券”，通过这种形式，放款人就成了 P2P 平台的无担保债权人，而非借款人的债权人。当平台上的出借人放出的贷款出现违约时，出借人将独自承担投资的损失，Lending Club 并不给予补偿。Lending Club 的利润主要来自对贷款人收取的手续费和对投资者的管理费，前者会因为贷款者个人条件的不同而有所起伏，一般为贷款总额的 1.1%~5%；后者则是统一对投资者收取 1% 的管理费。Lending Club 的商业模式如图 4–1 所示：

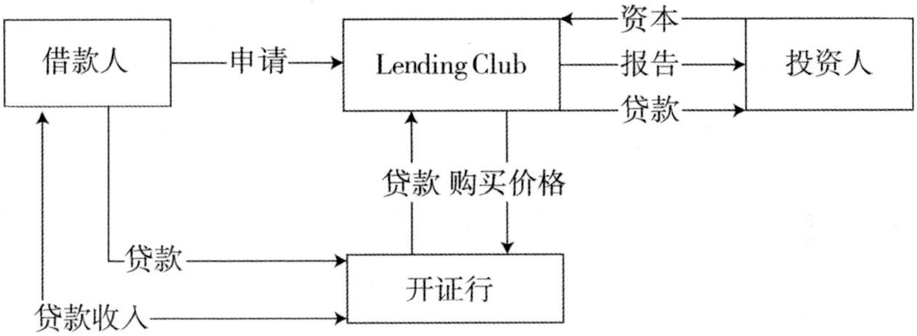

图 4–1 Lending Club 商业模式

Lending Club 的商业模式具有以下特点：其一，在整个交易中，Lending Club 扮演的是一个信息媒介的角色，为借贷双方匹配供需，但不会提供除与资金保障有关的其他服务；其二，Lending Club 对借贷人有非常严格的标准，包括借贷人最低的信用级别 FICO 评分要在 660 之上，负债与收入比低于 40%(不包括房贷)，至少有 3 年的信用历史等；其三，Lending Club 有一套自己的系统以给借贷人评分，从 A1 到 G5 一共有 35 个评级，平台制定还款利率，这取决于借款者的信用记录和还款能力，以及贷款意向。

第二节 国内网络借贷

一、产生背景

2008 年的金融危机，使得实体经济信贷需求萎缩。与此同时，我国的金融抑制加强，金融服务可获得性难度提高，使得融资难成为小微企业发展中的重要问题。

随着经济水平的提高、收入的增长，出现了一批追求高品质生活却没有充足积蓄的人，他们是小额贷款的优质客户。然而商业银行信贷却忽视了这一群体，使他们的资金需求无法得到满足。

在上述背景下，一种依托于网络的新型金融服务模式，即 P2P 网络借贷出现了。一方面，因为 P2P 尚未定性，处于监管真空，在中国严格的金融准入制度下，成为民间资本进入金融领域的最便捷入口；另一方面，P2P 对部分不能得到银行表内满足的信贷，包括符合信贷条件但需要出表的和本来就在银行服务之外的信贷需求，给予了一定的满足。因此，越来越多的人开始认可 P2P 网络借贷这种新兴的模式。

二、发展历程

1. 2007~2010 年萌芽期

P2P 网络借贷于 2007 年正式进入中国，拍拍贷是国内第一家注册成立的 P2P 网络借贷公司，同期还有宜信、红岭创投等平台相继出现。但总体来看，2007~2010 年，我国社会融资的需求和导向还没有从资本市场中转移，大部分资金集团还寄希望于资本市场的再次转暖，尽管市场对于新形式的融资平台期望较高，但是从业者相对较少。

2. 2011~2012 年膨胀发展期

进入 2011 年后，随着利率市场化、银行脱媒以及民间借贷的火爆，P2P 贷款呈现出爆发性的态势。但是由于门槛低，缺少必要的监管和法规约束，各种劣质产品也大量涌向市场，公司资金链断裂，投资者血本无归，欺诈等事件频发。市场开始重新审视 P2P 网络借贷行业的发展，各 P2P 网络借贷公司也开始组成行业联盟、资信平台，并积极向央行靠拢，寻求信用数据对接，市场开始呼唤法律法规的监管。

3. 2013 年行业整合期

随着 P2P 风险的大规模爆发，投资者开始具备一定风险意识，市场逐渐向理性回归，市场上的劣质企业被淘汰，企业数量增速放缓，幸存下来的优质 P2P 网络借贷公司具有更多话语权。我国个人及中小企业征信系统将因 P2P 网络借贷风控体制的补足而进一步完善，同时 P2P 贷款的本土化进程基本完成，整体市场形成三足鼎立局面：其一，更多国有金融机构以子公司或入股已有 P2P 网络借贷公司的方式参与 P2P 市场竞争；其二，资历较深的正规 P2P 网络借贷公司，经过行业整合后实力将进一步加强；其三，地区性、局部性以及针对特定行业的小规模 P2P 网络借贷平台稳步发展。

4. 2014 年至今，监管整顿期

从银监会设普惠金融部门到国家释放各种信号鼓励互联网金融的发展，表明了国家对 P2P 网络借贷公司的合规性要求越来越详细，但又鼓励互联网金融创新，在政策上对 P2P 网络借贷公司给予了大力支持，未来将会有更多关于 P2P 网络借贷的监管细则和法律法规出台，P2P 网络借贷行业将进入牌照经济时代。

网贷行业依旧处于快速增长阶段，虽然新增平台的增长速度有所放缓，但全行业成交额仍呈指数型增长的态势。虽然利率水平持续走低，但仍高于传统理财方式。

三、典型模式

1. 纯线上模式

在纯平台模式中，P2P 平台作为中介，为借贷双方提供一个信息交互的平台，平台本身不涉及具体的金融服务，是“金融脱媒”的一种表现形式，其基本法律关系是“民间借贷 + 中介”。在该模式下，贷款的违约风险由借贷双方承担，平台并不承担违约责任。在纯线上模式下，平台对新客户的开发、信用审核、签订合同、贷款发放及偿还整个业务流程主要在线上完成。纯线上模式网络借贷平台对借款者的信用审核是利用搜集到的信息通过搭建数据模型来完成的，通过数据模型对数据信息的分析得出借款者的信用等级和相对安全的信用额度。因此，纯线上模式是一种纯信用无担保的模式，在国内其代表性平台是拍拍贷。

拍拍贷成立于 2007 年 6 月，公司全称为上海拍拍贷金融信息服务有限公司，总部位于上海，是中国第一家纯信用无担保的网络信用借贷平台，同时也是第一家由工商部门批准，获得“金融信息服务”资质的互联网金融平台。拍拍贷作为纯中介平台，既不吸收存款，也不发放贷款，主要提供信息匹配、工具支持和服务等功能，通过与第三方支付平台（如支付宝、财付通等）合作，管理和处理所有与用户资金相关的操作。其运营模式见图 4–2。

在拍拍贷平台上，借款人的借款利率由借款人自己设定，平台则提供“竞标”和“自动投标”两种方式，并且设定了法定最高利率限制，这有效地避免了高利贷的发生。拍拍贷信用机制中信用关系的搭建是以拍拍贷为平台注册认证后实现的，主要采取认证机制、审核机制、资金管理机制以及逾期催收和黑名单机制等进行风险控制。

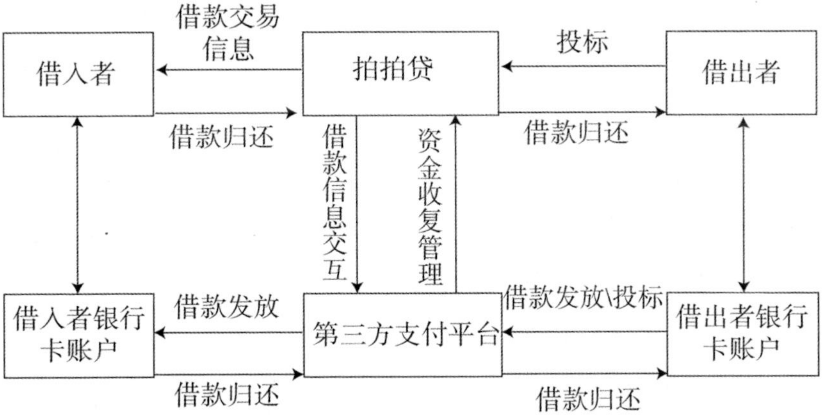

图 4-2　拍拍贷运营模式

虽然纯线上模式有着规范透明、交易成本低等优势，但由于数据获取较难、不提供资金担保，极易出现逾期、提款困难的问题，并且很难让投资者接受，因此目前国内这种模式的平台越来越少。

2. 线上和线下相结合模式

国内大多数 P2P 网络借贷平台采用线上和线下相结合的模式，即借款者和贷款者的借贷交易主要通过 P2P 网络借贷平台在线上进行，同时也通过线上推广理财产品。而借款者的信用认证机制，如借款信息来源、借款审核、贷后管理等主要通过线下完成。在线上和线下相结合的运营模式下，为了更好地保障投资者权益和吸引投资者，P2P 网络借贷平台通常提供担保机制。并且，越来越多的平台将线下获得的债权进行拆分组合，打包成“固定收益类”理财产品，线上销售给理财投资者。因此，线上和线下相结合的模式通常采取担保和债权转让的方式进行运营，其代表平台为宜信。

2006 年，唐宁在北京创办宜信公司，以提供个人对个人的小额信用贷款中介服务为业务核心，广泛开展财富管理、信用风险评估与管理、信用数据整合服务、小额贷款行业投资。旗下有宜信、宜人贷、宜车贷、宜农贷、宜信财富等多个 P2P 网络借贷平台。宜信主要通过线上发布借贷信息，借款者和贷款者主要通过线上进行交易。其独特之处是创立了 P2P 理财模式，即线下的债权转让模式：借贷双方不直接签订债权债务合同，而是引入第三方个人作为专业放贷人，先行放款给借款者，再由第三方个人将债权转让给投资者。

在宜信平台上，有借款意向的人在向宜信公司申请贷款后，宜信的信用审核部门对借款人审核后，对符合条件且满足评级要求的借款申请人，先由宜信公司利用自有资金进行出借，与借款人订立借款合同。然后，宜信公司根据潜在的投资人（出借人）的投资期限和预期收益率选择合适的借款人，之后将其持有的借款合同依法进行转让。

在中国信用环境不完善的情况下，线上和线下相结合的模式已经成为绝大多数公司的选择，在该模式下可以最大限度地降低借款的违约风险，吸引更多的投资者，但在该种模式下，P2P 网络借贷公司所采取的债权转让方式在未来监管上是否进行限制是一个值得考虑的问题。

3. 担保模式

2015 年 7 月 18 日中国人民银行等十部委联合发布《关于促进互联网金融健康发展的指导意见》，互联网金融迎来了分工监管，P2P 网贷行业归银监会监管。因自身担保模式遭到监管层质疑，在随后颁布的两项法案（《非银行支付机构网络支付业务管理办法（征求意见稿）》《最高人民法院关于审理民间借贷案件适用法律若干问题的规定》）中，监管层的意见是“去担保化”。P2P 网络借贷公司去除自身担保后，目前的担保模式主要有四种：引入担保公司担保、引入保险公司担保、风险准备金担保、抵押担保。

（1）引入担保公司担保　引入的担保公司的类型主要分为一般担保公司和融资性担保公司。

在一般担保公司担保模式下，一旦借款人违约，由担保机构进行代偿或债权收购，投资人收到担保机构代偿或债权收购资金的金额等于投资人应收未收到的全部投资本息之和。一般担保公司担保的保障分为一般责任和连带责任，一般责任担保的保障力度非常小，连带责任担保可以起到保护责任，但市场上的连带责任担保不多。担保机构为了自身的资金安全，对借款人的审核也会更加严格，这都有利于投资人的本金安全，同时降低违约风险。通过“债务人不能履行债务时，由保证人承担保证责任”的规定，如果没有确认借款人完全没有还款能力，担保公司不会承担责任，一旦借款人跑路，投资者将血本无归。

在融资性担保公司担保下，平台本身有金融机构背景，由金融机构旗下的担保公司进行担保，一旦借款人违约，提供全额代偿，对于投资人来说，资金安全程度高。金融机构成熟的风控体系，在审查借款人方面也会更加严格，有效杜绝虚假标的。同时，融资租赁担保公司担保规模与自身注册资本之比要小于 10。随着 P2P 公司规模上升，融资性担保公司的规模也需要提升，然而国内很多担保公司已经严重超值，这存在很大风险。

（2）引入保险公司担保　在保险公司担保模式下，P2P 平台引入保险金融机构，投资人通过投保降低自身的风险损失；保险机构直接给客户提供财产险保障方案，使投资人通过购买保险将自身风险降到最低。P2P 网络借贷与保险公司合作的方式主要有四种：一是平台为投资者购买的一个基于个人账户安全的保障保险，保证资金安全；二是基于平台的道德等购买保险产品；三是为担保标的中的抵押物购买相关财产险；四是为信用标的购买信用保证保险。然而，P2P贷款的风险太大，保险公司考虑自身的收益不愿受理此类保险，并且国内并非所有的P2P平台都能引入保险公司该项业务。

（3）风险准备金担保　风险准备金担保，指的是P2P网络借贷平台建立了一个资金账户，当借贷出现逾期或者违约时，P2P网络借贷平台会用资金账户里的资金来归还投资人的资金，以此来保护投资人的利益。风险准备金模式是目前行业内的一种主流模式，目前很多P2P网络借贷平台将其作为辅助安全保障模式的一种。但这种模式也存在一定的问题，如一些P2P网络借贷平台资金与风险准备金没有实现根本上的分离，风险准备金极有可能被挪用。并且，风险准备金的提取比例较小，不足以弥补P2P网络借贷投资人的亏损风险。

（4）抵押担保　抵押担保模式指的是借款人以房产、汽车等作为抵押物来贷款，如果发生逾期或者坏账时，P2P网络借贷平台和投资者有权处理抵押物来收回资金。

4.“P2P+”模式

随着P2P网络借贷的不断发展，其与其他金融形态的结合也更加多样化，如“P2P+供应链金融”模式、“P2P+股票配资”模式、“P2P+融资租赁”模式等。

“P2P+供应链金融”模式，本质上是将产业链上下游的中小微企业在核心企业的信用提升下，获得P2P网络借贷平台更多的金融服务。P2P网络借贷平台围绕供应链核心企业，参与中下游中小微企业的资金流和物流，把单个企业的不可控风险转化为供应链企业整体的可控风险，通过获取各类的信息和数据，将风险控制到最低。

2014年下半年股市好转，P2P网络借贷平台因为其市场的灵活性、创新性，与股票配资相结合。通过在线申请，借款人用少量的自有资本做本金，向互联网理财平台按照一定的配资比例借入资金，这些资金全部注入指定的账户中。这种资金的比例一般从 1 ∶ 1 到 1 ∶ 5，即如果投资者原有本金 10 万元，最大可以通过杠杆放大到 50 万元。然而 2015 年 7 月 12 日，证监会发布了《关于清理整顿违法从事证券业务活动的意见》，要求清理整顿开立虚拟证券账户、借用他人账户、出借本人证券账户、代理客户买卖证券等场外配资行为，遏制配资抬头，以期避免配资再次危及股票市场。多数平台已经停止股票配资业务。

我国融资租赁领域分为金融租赁、内资租赁和外资租赁。快速增长的金融租赁是由银行等金融机构做背景的，主要与 P2P 网络借贷公司合作的是内资租赁，尤其是非厂商的第三方租赁公司，它们因资金困难，与 P2P 公司的合作意识较强。以融资租赁中的金融租赁为例，如果公司 A 有设备需求，会找到融资租赁公司 B，公司 B 设计整个购买设备和出租设备的流程，公司 B 拥有设备的所有权和出租后的收租权。在公司 B 需要筹集资金购买设备时与 P2P 网络借贷平台进行合作，借助众多投资者的资金，从而将部分收租权转移给大众投资者。P2P 网络借贷平台与 B 合作监管投资者资金账户，并最终将资金转移给承租企业。

四、各方资本

1. 风投系

风投的注资不仅仅为行业注入了丰厚的资金，同样为 P2P 网贷的发展前景提供利好消息。相比国资系和银行系，风投系虽然没那么硬的后台，但它却有较低的风险、不错的收益，这是风投系受欢迎的原因。

风投机构的注资，一方面释放了一个信号，就是这些机构看好P2P行业的发展，认为它们的投资可以带来回报。这对投资人以及其他资本会起到一个利好效应，增强投资人信心，加快P2P行业的发展。另外，风投机构在一定程度上能够为平台增信，风投机构的资金注入充裕了平台资金，P2P平台将这些资金用于风控、运营、推广、技术等方面，可以提高平台的安全稳定性，也可以将P2P行业推向更广大的受众。然而，风投引入是否导致P2P平台急于扩大经营规模而放松风险控制值得深思。

2. 国资系

从2012年仅有开鑫贷一家国资背景P2P网贷平台，到2014年9月国资平台“扎堆”成立，表明国资企业对P2P前景同样看好。而国资背景P2P网贷平台无论在资金实力还是资源整合方面，都有着草根平台无法比拟的地方。无论是平台资质还是平台管理、风控能力把控都将形成P2P行业的标杆，这对于推进行业的规范发展有重大作用。

国资系P2P的优势体现在如下方面：第一，拥有国有背景股东的隐性背书，强大的资金实力，如表4–1中13家平台注册资本金大部分在1 000万元以上，兑付能力有保障；第二，国资系P2P平台多脱胎于国有金融或类金融平台。因此，一方面业务模式较为规范；另一方面从业人员金融专业素养较高。国资系P2P平台的劣势也十分明显：第一，缺乏互联网基因；第二，从投资端来看，起投金额较高，多数是1 000元、1万元起投，最高5万元起投；第三，收益率不具有吸引力，投资收益率低于行业平均利率水平，相当一部分平台的投资收益率不高于12%，最低回报为6%；第四，从融资端来看，由于项目标的较大，且产品种类有限，多为企业信用贷，再加上国资系 P2P 平台较为谨慎，层层审核的机制影响了平台运营效率。

表 4–1　国资系 P2P 平台①

序号	平台名称	注册资本金（万元）	所在地
1	保必贷	971.428 5	上海市
2	德众金融	1 000	安徽省
3	海金仓	3 000	北京市
4	金宝保	3 000	重庆市
5	金开贷	1 000	陕西省
6	金控网贷	10 000	广东省
7	京金联	6 000	湖北省
8	开鑫贷	1 000	江苏省
9	蓝海众投	10 000	广东省
10	星投资	2 000	上海市
11	中广核富盈	1 000	广东省
12	众信金融	1 000	北京市
13	紫金所	1 000	江苏省

注：表格中的注册资本为 2014 年数据。

3. 银行系

P2P 行情持续火爆，众多银行系 P2P 纷纷进场。其中，比较有代表性的平台有招商银行的小企业 e 家、民生银行的民生易贷、兰州银行 e 融 e 贷等。

银行系 P2P 的优势主要在于：第一，资金雄厚，流动性充足；第二，项目源质地优良，大多来自银行原有中小型客户；第三，风险控制能力强，银行系的 P2P 平台与银行有千丝万缕的联系，利用银行本身具有的风控能力与各类信息资源，不仅可以有效降低风险与成本，也可以提高平台本身的信用等级。此外，与传统 P2P 网贷平台相比，银行系 P2P 的劣势主要体现在收益率偏低，预期年化收

① 资料来源：未央网 https://www.weiyangx.com。

益率处于 5.5%~8.6%，略高于银行理财产品，但处于 P2P 行业较低水平，对投资人吸引力有限。并且，很多传统商业银行只是将互联网看作一个销售渠道，银行系 P2P 平台创新能力、市场化运作机制都不够完善。银行系的 P2P 平台如表 4-2 所示。

表 4-2 银行系 P2P 平台①

序号	平台名称	平台背景
1	陆金所	平安银行
2	开鑫贷	国家开发银行
3	金开贷	国家开发银行
4	民生易贷	民生银行
5	民贷天下	民生银行
6	e 融 e 贷	兰州银行
7	小企业 e 家	招商银行
8	白领融	宁波银行

4. 上市公司系

随着行业的发展，上市公司同样组团进入 P2P 平台。上市公司对进入 P2P 行业如此热衷，主要原因有三个：一是资本对互联网金融概念的热捧，上市公司从市值管理的角度出发，涉足互联网金融板块，以此来带动股价的上涨；二是上市公司可以以较少的资本获得较多的股份；三是上市公司从产业链上下游的角度出发，打造供应链金融体系。上市公司在其所处细分领域深耕多年，熟知产业链上下游企业情况，掌握其经营风险、贸易真实性，很容易甄别出优质借款人，从而保证融资安全。

根据统计，涉足 P2P 行业的上市公司所属行业分布相对集中(见图 4-3)，制造业最多，占比 57%。制造业对 P2P 平台表现出极大的兴趣无非是想打造完善的供应链金融体系，构建以 P2P 资金流为脉

① 资料来源：未央网 https://www.weiyangx.com。

络形成的供应链金融生态圈，将供应链中的信息生成与接收、物流的发出和对接,甚至是实体企业的生成端和销售端进行对接和融合，从而帮助核心企业掌控整个产业链中其他上下游企业，进而提高上下游企业之间的对接效率和经营收益。

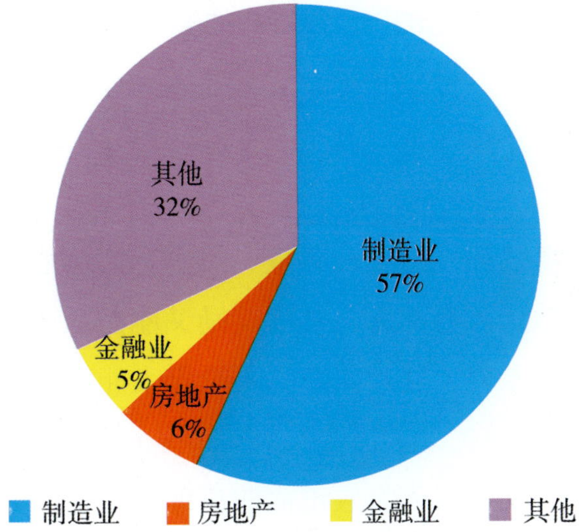

图 4-3　上市公司所属行业分布[①]

5. 民营系

P2P 行业中民营系平台数量最多，起步最早。部分民营系 P2P 网贷平台已经成长为行业领头羊。

这类平台的优势体现在：第一，具有普惠金融的特点，门槛极低，最低门槛 50 元起投；第二，投资收益率具有吸引力，大多在 15%~20%，处于 P2P 行业较高水平。然而，民营系 P2P 的劣势也十分明显，比如风险偏高。由于资本实力及风控能力偏弱，民营系 P2P 网贷平台是网贷平台跑路及倒闭的高发区。

虽然民营系的 P2P 没有银行的强大背景，但是民营系的 P2P 平台有着强大的互联网思维，产品创新能力大，市场化程度高，投资

① 资料来源：未央网 https://www.weiyangx.com。

起点低、收益高、手续便捷，客户群几乎囊括了各类投资人群。而《关于促进互联网金融健康发展的指导意见》等法律法规的颁布，对P2P行业的肯定，无疑让民营系P2P平台在互联网金融中获得了更大的发展机遇。相信，随着时间的沉淀，好的P2P平台最终会以优异的成绩来证明民营系P2P平台特有的魅力。

五、不良模式分析

1. 高息

代表案例：鹏城贷，2012年创立，以高息闻名业内，投资人在平台上拍下的借款标月息2分，月度奖励又能高达2分，加上其他奖励，月息高达4~5分，这意味着如果投资人能够不断滚动投入，年化收益率能够达到60%。

结论：投资中收益与风险成正比的道理许多人都懂，但是却没有多少人可以抵挡高息的诱惑，鹏城贷案件的受害者有500多名，他们在鹏城贷的投资由几十万元到2 000多万元，总计金额接近2亿元。如果投资人可以以更理性的态度对待，不贪图一时之利，也不会造成如此大的损失。

2. 大额项目

代表案例：深圳融易融，成立于2012年9月，2015年6月融易融开始被爆有提现延期、限制提现等问题。据调查消息称：融易融出现问题乃触礁苏州房产项目，提现困难待收1.2亿元。

结论：P2P行业注册资金大多为千万元，风险金亦大多在千万元左右，融易融6 000万元注册资金在行业内已算较高，但依然难以抵挡一次大额项目带来的冲击，因为大额项目资金投入动辄上亿元，一旦出现坏账，企业根本无力承受。

3. 资金池

代表案例：通融易贷，于2012年4月正式上线，注册资本1 000万元，实缴资本仅为200万元。在2015年4月，通融易贷平台就出现了提现困难的情况，投资者称之后平台一度恢复正常，但自“五一”假期后，资金问题一直无法得到解决。此后，平台运营方在努力筹措资金，平台不少项目仍无力回款。据通融易贷董事长赖金茂透露：平台的确一直存在资金池，把线上投资者投资的资金用到一些大额项目上，但到期后的回款并不顺利，使得通融易贷出现提现困难。

结论：资金池本身并无善恶之分，但是资金池的存在会导致资金的对应关系不清晰，资金流向不清，平台很容易出现卷钱跑路、掩盖坏账等风险，因此在最新的《关于促进互联网金融健康发展的指导意见》中也明确提出客户资金第三方存管制度，要求从业机构应当选择符合条件的银行业金融机构作为资金存管机构，对客户资金进行管理和监督，实现客户资金与从业机构自身资金分账管理。

4. 自融

代表案例：东方创投，2013年6月成立于深圳的一家P2P平台，承诺3%~4%月息的高额回报，通过网上平台非法吸收公众存款。截至2013年10月31日，该平台吸收投资者资金共1.26亿元，其中已兑付7 471.96万元，实际未归还投资人本金5 250.32万元。在实际资金用途为平台自融的情况下，东方创投对投资者长期以“本息保障”“资金安全”“账户安全”进行公开宣传；实际上，平台募集资金都是投资人直接打款至邓亮的私人账号，或者打款至第三方支付平台后再转到邓亮的私人账号，具体投资款均由邓亮个人支配。3个月后，邓亮资金链断裂，汇款不及时导致投资人提现困难。

结论：自融项目与资金池其实极为相似，在缺乏第三方监管的情况下，经营者一念之差可能将资金引到自家名下，非常容易出现坏账，大多数企业在这种情况下会选择“挖东墙补西墙”的方式，导致一系列恶性循环，最终将企业带入无底深渊。

5. 拆标

代表案例：2013 年天力贷事件依然历历在目，这个仅存活 6 个月的平台，不仅有高息的问题，也存在拆标的问题，企业存在大量 1 个月、2 个月、3 个月、6 个月等期限的短标，终于在多重因素的挤压下，天力贷被挤下悬崖。

结论：所谓拆标，就是将长期借贷拆成多个短期标发布，利用长期借贷每月等额付息。在这种“借新还旧”模式下，非常容易面临由于后续跟进资金不足可能导致的流动性风险。在 P2P 行业，企业拆标无异于拆自己的台。

6. 纯诈骗

代表案例：2012 年爆发的优易网案是我国首个以集资诈骗罪名公开审理的 P2P 网贷平台案例。在此之前，网贷行业鲜有平台倒闭和跑路事件发生，出借人风险意识非常淡薄，优易网承诺的超高收益吸引了许多投资人，当时优易网自称系香港亿丰国际集团投资发展有限公司旗下的 P2P 网贷平台。2012 年 12 月 21 日，香港亿丰国际集团投资发展有限公司（下称亿丰）发表声明称，亿丰旗下成员“从未有所谓的南通优易电子科技有限公司”，同时，该集团保留对假冒或盗用集团名义的不法单位和个人采取法律行动、追究其法律责任的权利。当天（即 2012 年 12 月 21 日），优易网突然宣布“停止运转”，优易网的三位负责人失去联系。

结论：纯诈骗企业不仅仅消磨着行业的诚信，更打击了投资者对行业的信任度，好的行业环境需要行业内每个人的努力。

第三节 P2P 网络借贷的发展趋势

1. 去担保化

《关于促进互联网金融健康发展的指导意见》中指出，P2P 网贷平台要明确信息中介性质，主要为借贷双方的直接借贷提供信息服务，不得提供增值服务，不得非法集资。因此，未来去担保化仍是 P2P 网贷平台的发展趋势之一。

未来的 P2P 网贷行业可以不担保，但是不等于不保障投资人权益，需要在投资人权益保护与去担保之间建立一个立足点。在投资人权益保障的形式上将会更加丰富化，风险准备金、保险保障等都有可能成为主流，较好地去解决风险共担、责任划分问题。

2. 移动化比例逐渐提高

P2P 金融的形式基本上是跟着互联网的演变走的，在 PC 时代诞生了支付宝、财付通等一系列支付产品，并且这些平台牢牢占据着市场份额。P2P 的诞生本就是为了个人金融服务，是将个人财富妥善管理的一种形式，在移动互联网爆发以后，P2P 的优势更加明显，人们存钱取钱只需要点几下屏幕即可。因此，P2P 商家纷纷从 PC 端转向移动端，使用移动 P2P 金融的人数也越来越多。

P2P 从 PC 互联网过渡到移动互联网，一方面方便了用户，不用电脑就能从事个人金融，使得那些不会 PC 操作的人也能参与其中，这是一个更大的市场；另一方面，增加了行业技术门槛与运营技术难度，不是简单的一个 PC 网站就能做金融的，使得那些以经济犯罪为目的的人不再轻易进入这个行业，跑路、诈骗等情况自然也会减少。

3. 大数据将成信用风控首选

大数据时代，P2P 商家不再盲目放贷。同时，行业内外所希望做的征信体系，最好的解决方案来自大数据。通过大数据可以得知某些行业乃至某些企业有无坏账、烂账等情况，从而进行贷款决策，提前一步将风险控制在可控范围之内。这些数据也可以用来指导用户的投资，判断风险标的，对用户起到预警的作用。当然，这个体系还不够完善，仍需要第三方监管机构的参与，才能将这个体系做得更完整。

4. 更多平台往一站式理财或大资管平台转型升级

从单一 P2P 网贷服务发展为财富管理的一站式平台或大资管平台，一方面是突破现有的业务发展瓶颈，扩大平台体量；另一方面也有助于提升原用户的黏性，吸引更多不同风险偏好度的投资人。传统金融机构如证券、保险、基金、信托和消费金融等和 P2P 网贷平台合作意愿加强，也加快推动 P2P 网贷平台的转型升级。

当然，P2P 网贷平台往一站式理财平台或大资管平台发展转型需要综合考虑平台的战略定位和发展阶段，并不是一味求转型。转型前平台需要拥有自身的核心竞争力及流量优势，不然转型后仍会陷入白热化、同质化竞争浪潮中。

5. 资本大规模涌入

除了上市公司、大企业收购 P2P 网贷平台外，2016 年出现了不少行业内的并购行为，更多互联网企业巨头、实业巨头随后开始布局 P2P 业态。截至 2015 年 10 月，P2P 网贷行业共发生 79 起投资事件，融资总额约 8.00 亿美元；29 起 P2P 网贷行业并购事件，并购总额达 2.19 亿美元。资本市场开始大力加码对 P2P 网贷行业的投资。P2P 网贷行业的风投和并购、入股等现象将成为一种常态。

P2P 行业虽然不会像团购行业那样，出现“千团大战”后只剩下少数几家寡头企业竞争的局面，但是小而散的竞争格局也不会一直存在下去，大平台兼并小平台的事件可能将大规模发生。

第四节 P2P 融资与银行微贷对比

1.资金来源

银行微贷模式的平台主体是银行，典型的机构性融资模式。作为信用中介，其放贷资金来源规范，除了银行资本金以外，大部分来自储户存款，具备天生的高杠杆性（以放贷资金与模式主体注册资本比值衡量其杠杆率）。

P2P 网络借贷的资金来源相对复杂，来自众多投资者。纯粹作为交易中介和信息中介的 P2P 平台，本身不参与投融资，这种模式下 P2P 是一种个人性融资模式，不存在杠杆率问题。但由于在实际操作过程中，一些平台对平台上的交易进行了担保，一些平台直接参与到了平台的投融资交易过程中，而平台本身的资本金又有限，导致其杠杆率远远超过银行，隐含的风险也较大。

2.目标客户

（1）服务客户的区域不同　银行微贷模式一般依靠开设的物理网点，在一定地域范围内开展业务，基本限制在本地。P2P 模式的服务范围最宽泛，无论是地域范围还是其他方面基本没有限制，任何有理财和融资需求的客户均能通过 P2P 平台开展投融资活动。

（2）客户融资的规模不同　银行微贷模式主要以小微企业和个体工商户为服务对象，额度区间从几万元到几百万元不等。P2P 贷款所服务的客户在一定程度上是被银行拒之门外的非优质客户，额度区间较大，但以个人、个体经营者和小企业为主，融资规模从几千元到几十万元不等，也有个别融资近亿元的项目。

（3）客户融资的期限不同　银行微贷模式超过 90% 的贷款期限是在 6 个月以内；P2P 模式则期限相对较长。

3. 风险控制

（1）信息收集方式不同　银行主要通过线下网点数据收集，同时利用借款人已有的信贷数据。P2P 审核偏“线上线下统筹模式”，由于我国征信体系不健全，一般是通过网络搜集借款者信用信息，并根据历史交易情况对借款者进行信用评级。

（2）审核时间不同　P2P 更能满足借款需求更加急迫的客户群，凭收件收据或他项权证，最快 1 天即可放贷，大大满足了资金短缺的小微企业。而银行审核材料众多，较为烦琐，通常需要 2~6 周。

4. 成本收益

银行微贷模式在深入挖掘利润、高度控制成本上已经形成了独特机制。一是差异化的利率风险定价机制。银行对贷款实施不同利率，满足了客户的不同需求，从而最大限度地扩大利润空间。二是成熟的成本控制机制。大部分专注于小微企业的银行都实现了精细化管理，通过完善的后台管控，降低了运营成本。

P2P 模式分两种，纯粹的 P2P 平台，其收益构成即简单收取手续费，以拍拍贷为典型代表，并不承担风险；但是大量 P2P 不仅是信息中介，同时进行大量线下业务，其成本收益控制方式逐步向银行微贷模式靠近，且存在一定的法律风险。

本章小结

P2P 网络借贷指个人与个人间的小额借贷交易，一般需要借助电子商务专业网络平台帮助借贷双方确立借贷关系并完成相关交易手续。借款者可自行发布借款信息，包括金额、利息、还款方式和时间，实现自助式借款；借出者根据借款人发布的信息，自行决定借出金额，实现自助式借贷。

P2P 网络借贷在国外主要有 Zopa、Prosper、Kiva、Lending Club 四种模式。

P2P 网络借贷在国内经历了萌芽期、膨胀发展期、行业整合期、监管整顿期四个阶段。其在中国的国情下，主要分为纯线上模式、线上和线下相结合模式、担保模式和“P2P+”模式。根据其资本的不同，又分为风投系、国资系、银行系、上市公司系、民营系五个系别。

投资者需要注意 P2P 网络借贷不良模式的识别，如高息、大额项目、资金池、自融、拆标、纯诈骗等。

第五章

网络众筹

导读

众筹是新兴的互联网金融中非常重要的一部分，它作为一种全新的融资方式，在如今的资本市场占据着非常重要的地位，对解决我国中小微企业融资难、融资贵的问题作出了巨大的贡献。要充分了解众筹的分类和特点、国内外众筹的发展状况以及众筹未来的发展趋势。

知识架构

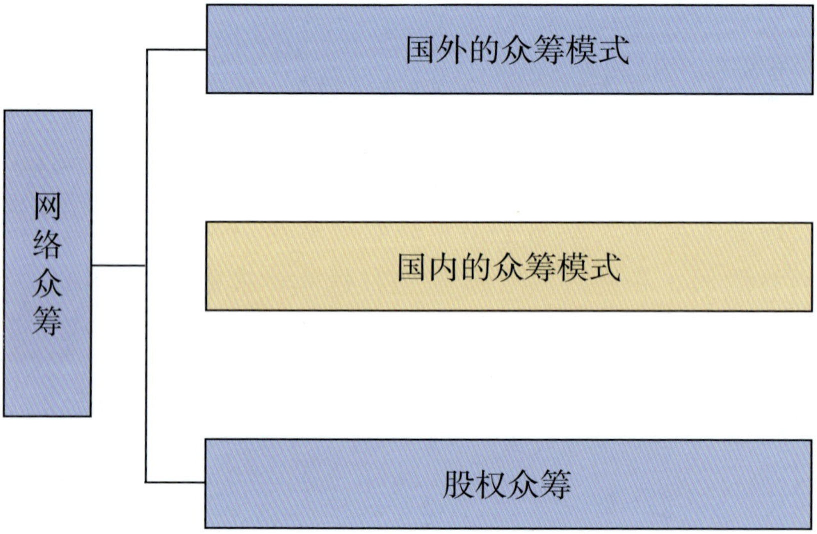

导入案例

中国股权众筹第一案[①]

2015年9月15日，北京市海淀区法院审理一桩“不平常的”合同纠纷案，引起了全国各大媒体的广泛关注。

2015年1月21日，运营人人投股权众筹平台的飞度公司与北京诺米多餐饮管理有限责任公司（以下简称诺米多公司）签订《委托融资服务协议》，诺米多公司委托飞度公司在其运营的人人投平台上融资88万元（含诺米多公司应当支付的17.6万元），用于设立有限合伙企业开办“排骨诺米多健康快时尚餐厅”合伙店。协议签订后，诺米多公司依约向飞度公司合作单位易宝支付充值17.6万元，并推动了项目选址、签署租赁协议等工作，计划按照合同约定在2015年4月15日正式开店营业。

但在之后的合作过程中，飞度公司发现诺米多公司的实际情况与合同所言不符：第一是该公司本来租的是一栋3层的楼房，但其在融资协议中标注的却是平房；第二，人人投平台与众多投资人皆认为诺米多公司所定的房租远高于该地段的租金。所以，为避免投资人投资风险增大，飞度公司依据协议约定，于2015年4月14日解除与诺米多公司的协议，并要求诺米多公司支付违约金及所受经济损失，共计10万余元。对此，诺米多公司并不认同，其认为服务协议属居间合同，诺米多公司已经积极推进相关工作，但飞度公司却拒绝按照合同约定支付融资款，也未将投资人签署的合伙协议返还诺米多公司，无奈之下诺米多公司只得通知飞度公司解除协议，

① 资料来源：搜狐网 https://sohu.com。

同时要求其返还诺米多公司已付融资款并赔付损失5万元，并控告飞度公司存在非法集资行为。双方各执一词，案情持续发酵，最后双方都诉至法院。

引发这场看似平常合同纠纷的导火索正是股权众筹这一新的融资模式。此案也开创了股权众筹司法案件的先河，被称为“中国股权众筹第一案”。也正因如此，股权众筹这一模式才更加为大众所知。

第一节　国外的众筹模式

一、起源

最早的众筹可以追溯到1713年。英国诗人亚历山大·蒲柏将15 693行的古希腊诗歌翻译成了英语，启动翻译计划之前，蒲柏即承诺在完成翻译后向每位订阅者提供一本六卷四开本的早期英文版的《伊利亚特》，这一创造性的承诺带来了575名用户的支持，总共筹集了4 000多几尼（旧时英国的黄金货币）去帮助他完成翻译工作，这些支持者（订阅者）的名字也被列在了早期翻译版的《伊利亚特》上。这个被称为“世界前所未见的高贵的诗译作”的成功，离不开蒲柏创新性的运作方式——初露端倪的众筹。

二、发展历程

发展至今，传统的众筹已经适应现代社会的土壤，成功转型成了我们所熟知的“互联网众筹”（以下众筹均指的是互联网众筹）。

世界上最早的以众筹模式运营的网站是2003年成立的ArtistShare，其主要面向音乐界的艺术家及其粉丝。2005年，

ArtistShare 所创造的“为富于创造力的艺术家服务的全新商业模式”受到广泛赞誉，它通过新颖的渠道来筹措原创项目的同时也惠及了艺术家和粉丝。

2005 年之后，众筹平台如雨后春笋般出现，例如：Sellaband（2006 年）、SliceThePie（2007 年）、IndieGoGo（2008 年）、Spot.Us（2008 年）、Pledge Music（2009 年）和 Kickstarter（2009 年），互联网众筹时代就此到来。

2012 年 4 月，美国颁布了 JOBS 法案（Jumpstart Our Business Startups Act）（中文称《促进创业企业融资法案》），它对互联网众筹模式进行了详细的定义和限制，在一定程度上也为众筹的健康发展提供了有效的保障。

三、模式分析

国外比较常见的众筹模式是捐赠型、借贷型、股权型、实物回报型、证券投资型等，而本节以其中知名度较大的 Kickstarter 为例。其商业模式见图 5-1。

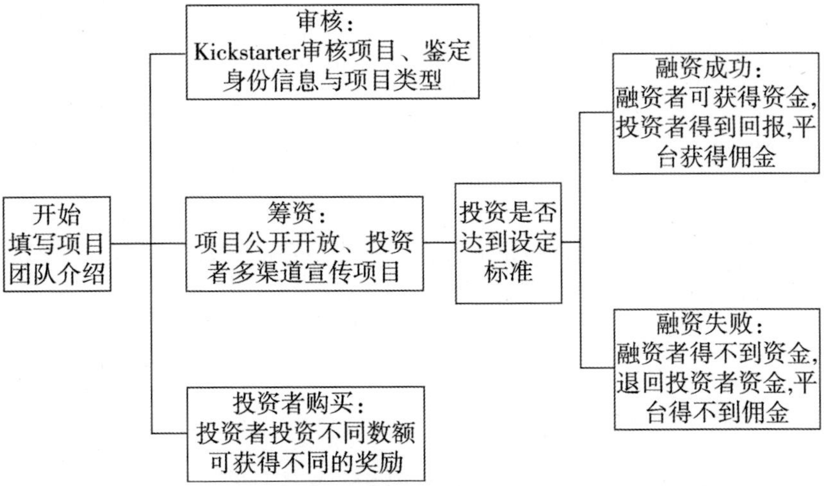

图 5-1　Kickstarter 众筹运作流程

创业者展示自己的创意和构想。这一环节主要是介绍项目及团队情况，以及可能的风险。

Kickstarter 来审核创业者的申请。审核的主要内容是创业者的身份及项目所属的类别。

项目被平台审核通过后，就可以发布在众筹平台上。发布在平台上的项目的融资时间和融资额度是比较重要的两项内容。一般来讲，投资者投资的金额越多，投资者许诺的回报也会越高。

创业者可以进行一系列的路演活动来推介自己的项目，如利用社交平台进行广泛的宣传，让更多的潜在的投资者了解项目信息。

当到了设定的融资时间时，达到预设融资额度的项目被认定为项目成功，创业者将获得资金，平台获得佣金。如果到了融资时间，所融的资金超过预设额度则成为超募项目。反之，如果融资没有达到预设的额度，项目认定为失败，投资者的资金将会被退还。

Kickstarter 对项目的审核较为严格，在收费方式上，它对项目统一收取 5% 的费用。

第二节　国内的众筹模式

国内第一家众筹平台——点名时间，于 2011 年 7 月正式成立，随后类似的天使汇等平台纷纷成立；到了 2013 年，中国众筹行业进入了起步阶段，基本形成了股权众筹、捐赠众筹、回报众筹（产品众筹）等发展模式；2014 年，中国众筹行业快速发展，众筹网站的数量过百，同年 10 月，京东众筹诞生了国内首个千万级项目；2015 年被称为中国众筹元年，众筹行业高速发展，并形成了不同的发展模式，同时行业也逐步进入了正规发展期，国内众筹发展路线见图 5–2。

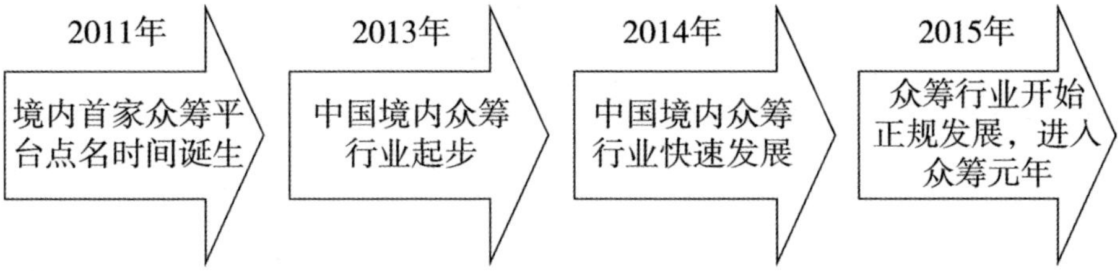

图 5–2　国内众筹发展路线

一、产品众筹

1. 概念

（1）定义　产品众筹也称为回报众筹，是指投资人将资金投给筹款人用以开发某种产品（或服务），等到该产品（或服务）开始对外销售或已经具备对外销售条件的情况下，筹款人按照约定将开发的产品（或服务）无偿或低于成本的方式提供给投资人的一种众筹方式。通俗来讲就是我给你钱，你给我产品或服务。

（2）特点　产品众筹具有三个特点（见图 5–3）。

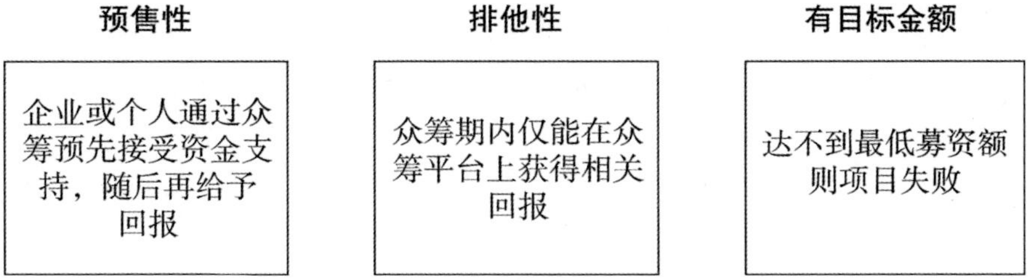

图 5–3　产品众筹的特点

1）产品具有预售性　即出资人先付款，筹资人经过一段时间的生产制造或进行服务前期准备工作后，再给予出资人产品回报或服务回报。

2）产品具有排他性　即处于众筹期限内的产品仅在单一渠道发售，在其他渠道享受不到相同的产品回报和服务回报。

3）有目标金额　即众筹项目的成立需要募集的资金达到一定的规模，否则项目不能成功启动。

产品众筹与团购的区别见表 5–1。

表 5–1　产品众筹和团购的区别

	产品众筹	团购
投资者参与目的不同	支持者是为了参与到新产品的设计当中去，可以对新产品的性能或服务提出自己的意见	消费者参与是为了以更便宜的价格购买成品
产品性质不同	首发的全新产品	成熟的批量化产品
销售方式不同	预售行为，需要先付货款	促销行为，可以货到付款
发起目的不同	针对性地满足潜在顾客特殊需求，将特殊需求的长尾集中起来，达到可经营规模	利用规模效应，降低采购成本

2. 模式分析

（1）众筹项目发起流程（见图 5–4）

1）创意者发起项目　有想法的创意者，将自己的想法或计划以文件、视频等形式上传给众筹平台，等待其审核。

2）众筹平台审核　众筹平台将审核项目发起人所提交的项目资料，由专业的评审团队经过理论与实际的考察，审核其可行性、真实性，审核结束以后反馈审核结果并提出相关建议。

3）项目成功上线，平台进行宣传推广　审核通过以后，创意者的项目便可上线，借助众筹平台，供广大投资者查阅，让更多人能够了解该项目，以便获得融资。

4）项目筹资　投资者通过众筹网站，对项目的相关情况进行了解，如果有兴趣的话，便可以对其进行资金支持，以期待未来带来回报。

5）项目执行　至项目结束日期，若筹资达到目标金额，便可以执行该项目；但如果并没有筹集到目标的金额，则项目失败，先前投资者所投入的资金须由众筹平台返还投资者。

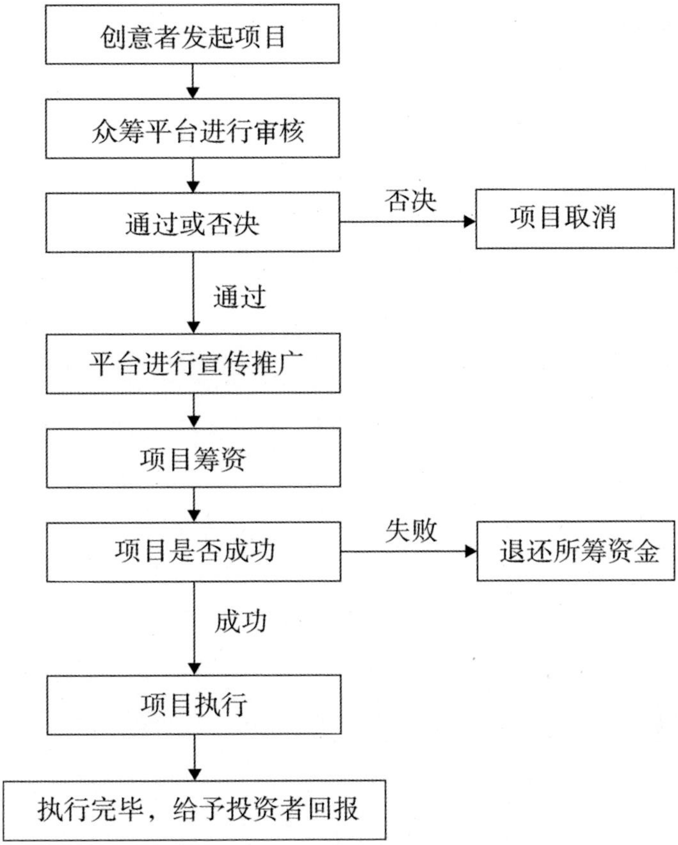

图 5-4　众筹项目发起流程

6）返还回报　项目执行完毕以后，项目发起人须通过股息或者产品的形式来兑现曾经承诺的给投资人的回报。

至此项目结束。

（2）平台分析　随着产品众筹的快速发展，其项目类别日益丰富，包括智能科技、文化娱乐、出版、公益、影视音乐、动漫游戏、人文艺术、农业等。根据产品众筹中的项目特点，可将众筹平台分为综合类和垂直类两种形式。综合类众筹平台上项目类别比较丰富，接受项目范围较广，融资能力较强，代表性平台有京东众筹、众筹网、淘宝众筹等；垂直类平台主要以一种或者两种类别的项目为主，将众筹领域进行细分，专一性较强，代表性平台有乐童音乐、淘梦网等。

1）综合类众筹平台——京东众筹　京东众筹作为京东金融第五大业务板块，于2014年7月1日正式上线。京东的产品众筹主攻智能硬件和流行文化，目标用户为热衷于3C及流行文化的消费用户。京东众筹结合京东商城的全品类平台和优质客群优势，打造出门槛低、新奇好玩、全民都有真实参与感的众筹平台。

京东众筹支持项目类别：项目应为具有创新性且具有可执行性，项目目标须是明确、具体、可衡量的，包括智能硬件、流行文化、生活美学、公益等。

京东为项目发起者提供设计指导、众筹方案指导，利用京东资源推广项目，提供交易平台。对发起者而言，京东众筹不仅仅是一个筹资平台，更是一个孵化平台，京东作为国内最大的自营式电商企业，其强大的供应链能力、资源整合能力，能为发起人提供从资金、生产、销售到营销、法律、审计等各种资源，扶持项目快速成长。特别是在智能硬件领域，京东众筹平台联合“JD+”计划，携手创客社区、生产制造商、内容服务商、渠道商等，搭建京东智能硬件开放生态；京东智能提供芯片级联网服务、全方位大数据、云开放平台服务以及功能强大的超级APP等。

2）垂直类众筹平台——淘梦网　淘梦网成立于2012年2月，是国内领先的新媒体影视平台，专业提供众筹和营销发行服务。致力于建立一个汇集新媒体、影视创作者、创作机构、影视投资人、影视基金、广告主、粉丝的新媒体影视平台。随着平台的不断发展，淘梦网正逐渐形成一个聚焦影视行业的新媒体生态圈。

平台向影视创业者提供众筹投资，以及影视后期宣传发行服务，依托淘梦网平台多年积累的发行资源，比如，手机视频、视频平台、电视台等渠道，向PC互联网、移动互联网用户提供新媒体影视娱乐内容，最大化实现影视作品在经济与社会两个层面的文化价值。

电影团队还可以在平台上发布项目计划书以及创作、募集资金，寻求资源需求。比如典型的有粉丝支持、广告植入、征集剧本、寻找主创等。通过淘梦网平台能够帮助影视创作团队启动影视项目。同时，淘梦网为电影团队提供作品营销发行和版权交易支持。汇集优势发行渠道，通过与视频平台、电视台、网络运营商、国内外影展和比赛等新媒体渠道的合作，提供多样的营销和发行服务。

（3）发展趋势

1）主流产品众筹平台运行情况分析　在产品众筹平台中，对众筹网、追梦网、淘宝众筹、乐童音乐、觉JUE.SO、京东众筹、中国梦网、淘梦网平台的项目运营数据进行统计分析，可以得到，2014年，国内产品类众筹共发生供给4 906起，募集金额达30 488.07万元，参与投资人数合计超过148万，见表5-2、图5-5、图5-6。

表5-2　2014年国内主流产品众筹平台供给数据统计

平台名称	项目个数（个）	募集金额（万元）	参与投资人数（人）
众筹网	1 964	6 149.28	165 137
追梦网	871	1 622.28	54 803
淘宝众筹	544	6 354.01	585 933
乐童音乐	400	418.95	35 961
觉JUE.SO	329	132.19	3 434
京东众筹	301	14 716.39	591 742
中国梦网	291	823.57	42 217
淘梦网	206	271.40	2 207
合计	4 906	30 488.07	1 481 434

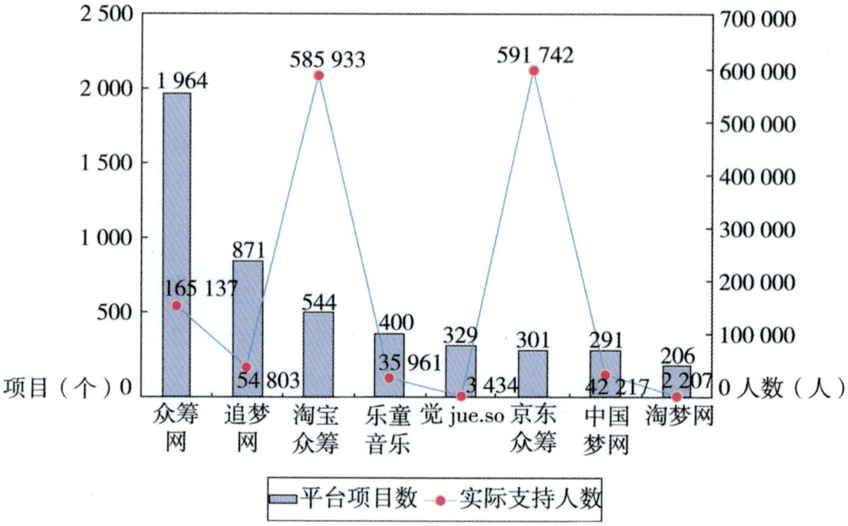

图 5-5 2014 年国内主流产品众筹平台项目数、实际支持人数对比情况

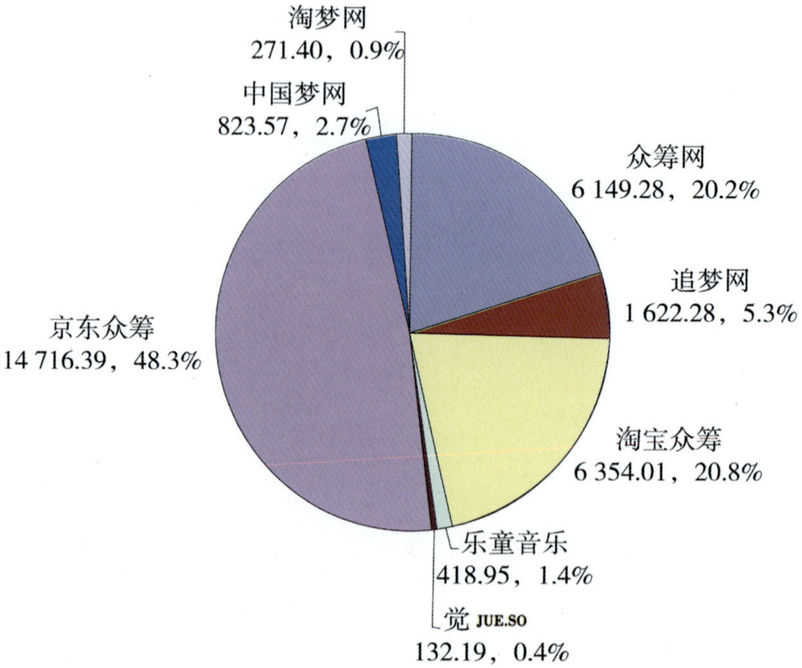

图 5-6 2014 年国内主流产品众筹平台已募集金额分布（单位：万元）

我们可以看出，2014 年，在该 8 家产品类众筹网站中，京东众筹、众筹网、淘宝众筹各项数据均领先于其他平台。在项目数量上，众筹网以 1 964 个项目遥遥领先，支持人数低于淘宝众筹和京东众筹；从已募资金额来看，众筹网占比 20.2%，一系列数据表明，众筹网在产品类众筹平台中发展速度较快。京东众筹于 2014 年 7 月上线，是继供应链金融、消费金融、支付业务及平台业务之后，京东金融推出的第五大业务板块。京东众筹在募资金额上独占鳌头，以 1.47 亿元的募资金额远远领先于其他平台，上线项目 301 个，显示出强劲的发展势头。

乐童音乐为音乐类产品垂直众筹平台，淘梦网为电影类产品众筹平台。受限于平台自身的定位，平台募资成功率均不高。音乐、电影类产品投资周期较长、风险较高，加之用户对垂直类众筹平台的认识程度较低等综合原因，导致平台发展较缓慢。

2）众筹平台未来发展　整合众筹产业链，向综合服务方向发展。众筹项目的筹资环节相当于路演推广，需要好的宣传文案、新颖的宣传视频、精致的产品包装设计等。而项目发起人往往不具备这方面的能力，众筹平台可以整合上游第三方服务提供商进入自己的平台或者成立独立的项目孵化综合服务提供商，拓展单一盈利模式。众筹平台未来可以逐步从中间平台转型为综合服务提供商，拓展众筹产业链，创造价值。

细分市场，向垂直性平台领域发展。当前我国产品众筹市场竞争越来越激烈，要想突出重围，需要细分市场，找到市场需求的空白区域。专业化与垂直化是未来产品众筹平台发展趋势，众筹平台应当根据项目或者产品分类，立足科技、影像、音乐、人文、出版的某一方面，汇聚优秀项目资源，吸引支持者，打造垂直领域知名品牌。

众筹机制不断完善。众筹平台应当制定风险评估机制、知识产权保护机制、项目后续监督机制等，形成一套完整的运作规则，明确与项目发起人、支持者双方关系，明确平台定位，努力打造一个专业、可靠、公正的众筹平台。

二、捐赠众筹

1.概念

捐赠众筹也称为公益众筹，是指通过互联网方式发布筹款项目并募集资金。相对于传统的公益融资方式，捐赠众筹更为开放，只要是网友喜欢的项目，都可以通过捐赠众筹方式获得项目资金，为更多公益机构提供了无限的可能。

2.模式分析

捐赠众筹的模式其实早已存在，典型的就是红十字会接受社会募捐来资助贫困、受灾地区人民。捐赠众筹实现了将这些公益事业从线下搬到了线上，使得筹资和捐赠更加便捷。

（1）捐赠众筹与传统众筹对比　捐赠众筹与传统公益事业相比，具有的优势：

1）项目多样，更具吸引力　捐赠众筹和传统的公益事业相比，发起人不再仅仅局限于慈善机构，而是扩展到了富有创意并且爱好公益的社会公众，每个人都能够在众筹平台上发起公益事业。由于门槛比较低，公益慈善项目变得更加平民化，这样一来更有助于发掘出一些大机构注意不到却亟待解决的项目。这种变化使得项目更新颖、内容更丰富，公众也能根据自己的喜好进行选择，比传统的形式更具吸引力。

2）程序透明，关注度更高　以前，我国的公益慈善就是将钱捐出去，由慈善机构等组织进行管理和使用，运作方式不透明。但是捐赠众筹在执行过程中，所有的信息都是公开的，我们可以非常方便地在网上了解整个公益活动的进程，了解资金的走向等，这样透明化的流程让人感觉到不同于传统捐款的独特体验与帮助他人的成就感、幸福感，比起单纯的募捐显得更有纪念意义。

3）效率高，项目进展更迅速　众筹的时间期限往往是一个月甚至更短，在有限的时间内，宣传和筹资的高效率尤为重要，这也使得资金筹集更有意义，对于项目经费的估值也更加合理。

（2）捐赠众筹运作流程（见图 5–7）

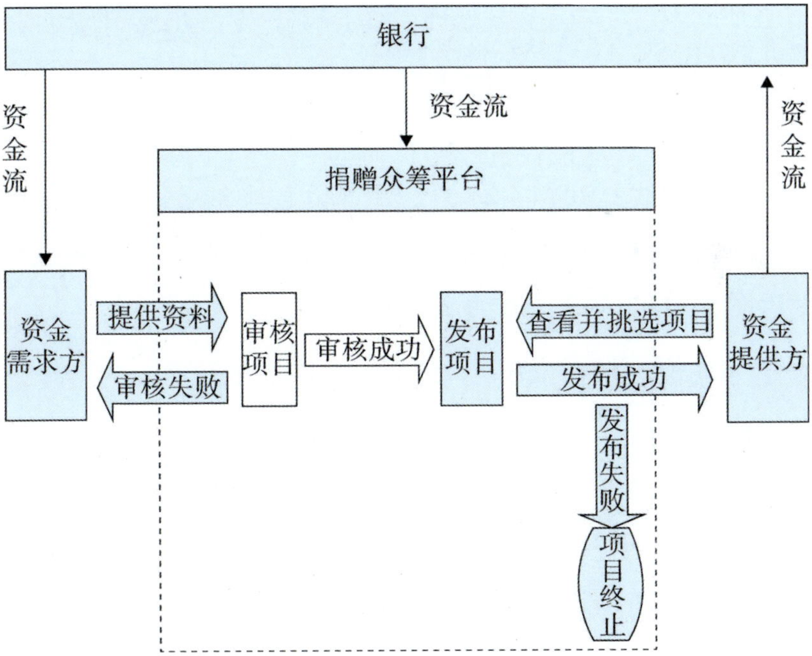

图 5–7　捐赠众筹运作流程

第一，资金需求方向众筹平台提交申请，并提供相关材料。

第二，众筹平台对资金需求方所提供材料的真实性、合法性进行审核。若审核失败则退回资金需求方。

第三，审核成功，众筹平台将需求方所申请的项目以及相关的信息公布在自己的网站上，供投资者查看。

第四，资金提供方通过浏览众筹平台，挑选自己中意的项目进行资助。若投资者没有找到合适的项目，则筹资失败，项目终止；若找到合适的项目，则筹资成功。

第五，资金提供方得知资助成功以后，则通知银行进行转账。

第六，银行接到支付指令，则将钱从资金提供方账户转到资金需求方账户。

3. 发展状况

（1）发展历程　2011 年 9 月，国内首个支持公益类项目的众筹平台追梦网上线；2013 年 2 月，众筹网上线；2013 年 7 月，国内首家专业捐赠众筹平台——创意鼓上线；2013 年 12 月，淘星愿上线，随后更名为淘宝众筹；2014 年 3~4 月，积善之家和新公益两家专业捐赠众筹平台上线；2014 年 7 月，京东众筹上线。

（2）现状分析　捐赠众筹平台主要分为专业类平台和综合类平台，两者发展状况不一。从现有捐赠众筹平台发展而言，综合类平台占据主导地位。捐赠众筹项目的绝大多数投资者，会选择到综合类平台进行投资。

（3）发展趋势

1）综合类平台为主流　综合类众筹平台在规模和公信力上有一定的保证，也就消除了支持者对于资金去向及其处置方式的担忧。此外，综合类众筹平台具有专业的评估手段，可以站在专业的角度给爱好公益的人士和组织一些有效的建议，大大降低了他们的审核评估成本，提高了效率，同时也有益于综合类众筹平台的推广与发展。

2）慈善机构介入捐赠众筹　随着“互联网 +”的快速发展，传统的公益形式面临着转型的需要。此外，捐赠众筹平台成本大且盈利低，要维持下去很有难度。所以，慈善机构与捐赠众筹平台相互合作、相互融合就天衣无缝地解决了两者的问题，从而实现双赢。

三、债权众筹

债权众筹即 P2P 网络借贷，在第四章已有详细介绍，此处不再赘述。

第三节 股权众筹

一、概述

1. 背景

（1）市场背景　中国资本市场主要分为场内资本市场和场外资本市场。其中场内资本市场分为主板市场、中小板市场和创业板市场以及战略新兴板市场；场外资本市场分为新三板市场，新四板、Q 板、E 板市场和新五板市场。国内资本市场分类见图 5–8。

1990 年上海证券交易所成立，标志着中国现代资本市场开始启动，2004 年中小板正式上市。2006 年，中关村科技园区非上市股份公司进入代办转让系统进行股份报价转让，称为新三板。

经过多年的发展，中国场内资本市场逐步完善。场外资本市场处在不断改革发展过程之中。

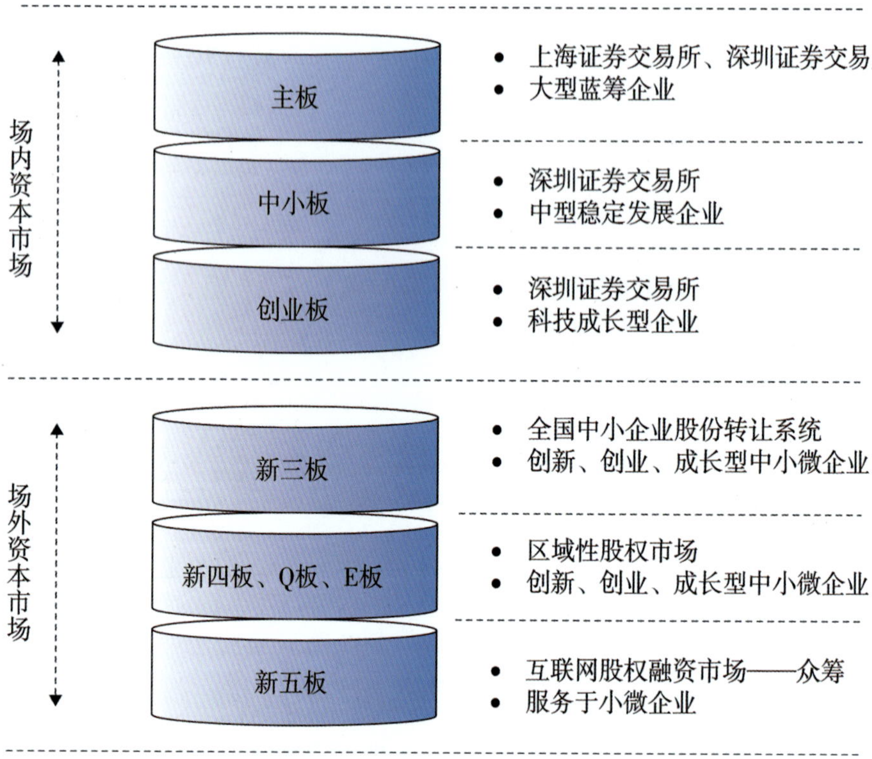

图 5-8　国内资本市场分类

1）新三板　三板市场起源于 2001 年股权代办转让系统，最早承接两网公司和退市公司，称为旧三板。2006 年，中关村科技园区非上市股份公司进入代办转让系统进行股份报价转让，称为新三板。2012 年，经国务院批准，决定扩大非上市股份公司股份转让试点，首批扩大试点新增上海张江高新技术产业开发区、武汉东湖新技术产业开发区和天津滨海高新区。2013 年年底，新三板方案突破试点国家高新区限制，扩容至所有符合新三板条件的企业。

2）新四板、Q 板、E 板　新四板以及 Q 板和 E 板是为了促进中小企业发展，解决中小微企业“融资难、融资贵”的问题，中央允许各地重新设立区域性股权市场，研究并推动在上海证券交易所、深圳证券交易所之外进行场外资本市场试验的背景下，成立的服务广大中小微型、具备成长性、有价值的企业，解决更多基础层面企业的融资和改制需求，并为主板市场提供储备的一种形式，是资本市场中非常重要的一环。其中，新四板是在深圳前海挂牌上市，而Q板、E板是在上海股权交易所挂牌上市。

3）新五板　随着私募股权融资的发展，继新四板以后官方以及媒体纷纷提出了新五板的猜想。2015年6月7日时任中国人民银行金融研究所所长姚余栋在“互联网金融千人会”上指出，要将股权众筹打造成为中国资本市场的新五板。由此可以看出，股权众筹将会成为中国资本市场重要的一环，对于完善国内资本市场有重大意义。各大板块上市条件对比见表5–3。

（2）政策背景　在股权众筹发展之初，并没有专门的法律法规对此作出规定，只能参照已有法律规范，如《证券法》《公司法》《国务院关于进一步促进资本市场健康发展的若干意见》（国发〔2014〕17号）等法律法规和部门规章。其中涉及股权众筹业务的主要有《公司法》对于公司人数的限制、《证券法》对于企业公开发行股票的规定等。政府对股权众筹监管的发展历程见图5–9。

其实早在2014年8月21日，中国证券监督管理委员会通过并开始实行《私募投资基金监督管理暂行办法》，对私募基金及其申请运作进行了明确的定义，同时也界定了合格投资者为投资于单只私募基金的金额不低于100万元且符合下列相关标准（分别为单位与个人）：净资产不低于1 000万元的单位；金融资产不低于300万元或者最近三年个人年均收入不低于50万元的个人。

表 5-3　各大板块上市条件对比

项目	主板 / 中小板	创业板	新三板	新四板	E 板	Q 板
主体资格	依法设立且合法存续的股份有限公司	依法设立且合法存续的股份有限公司	非上市股份公司	非上市企业	非上市企业	非上市企业
经营年限	持续经营时间在 3 年以上	持续经营时间在 3 年以上	存续满 2 年	存续期满 1 年	存续期满 1 年	无限制
盈利要求	最近三个会计年度净利润均为正数且累计超过 3 000 万元	最近两年连续盈利，最近两年净利润累计不少于 1 000 万元且持续增长。（或）最近一年盈利，且净利润不少于 500 万元，最近一年营业收入不少于 5 000 万元，最近两年营业收入增长率均不低于 30%	具有持续经营能力	满足以下任意一点即可：①最近 12 个月的净利润累计不少于 300 万元。②最近 12 个月的营业收入累计不少于 2 000 万元。③最近 24 个月营业收入累计不少于 2 000 万元，且增长率不少于 30%	业务基本独立，具有持续经营能力	无限制
资产要求	最近一期末无形资产（扣除土地使用权、水面养殖权和采矿权等后）占净资产的比例不高于 20%	最近一期末净资产不少于 2 000 万元，且不存在未弥补亏损	无限制	满足盈利要求任意一点或以下一点即可：净资产不少于 1 000 万元，且最近 12 个月的营业收入不少于 500 万元	注册资本中存在非货币出资的，应设立满一个会计年度	无限制
股本要求	发行前股本总额不少于 3 000 万元	发行后股本总额不少于 3 000 万元	无限制	无限制	无限制	无限制

续 表

项目	主板 / 中小板	创业板	新三板	新四板	E 板	Q 板
主营业务	最近三年内没有发生重大变化	最近两年内没有发生重大变化	主营业务突出	无限制	无限制	无限制
实际控制人	最近三年内没有发生变更	最近两年内没有发生变更	无限制	无限制	无限制	无限制
董事及管理层	最近三年内没有发生重大变化	最近两年内没有发生重大变化	无限制	无限制	无限制	无限制
成长性	无限制	“两高五新”企业	具备条件的国家级高新技术园区内企业	无限制	无限制	无限制
备注：Q 板挂牌满足的条件包括：①固定的办公场所。②满足企业正常运作的人员。③企业未吊销营业执照。④不存在重大违法违规行为或国家相关部门予以严重处罚。⑤企业的董事、监事及高级管理人员不存在《公司法》第一百四十七条所列属的情况。						

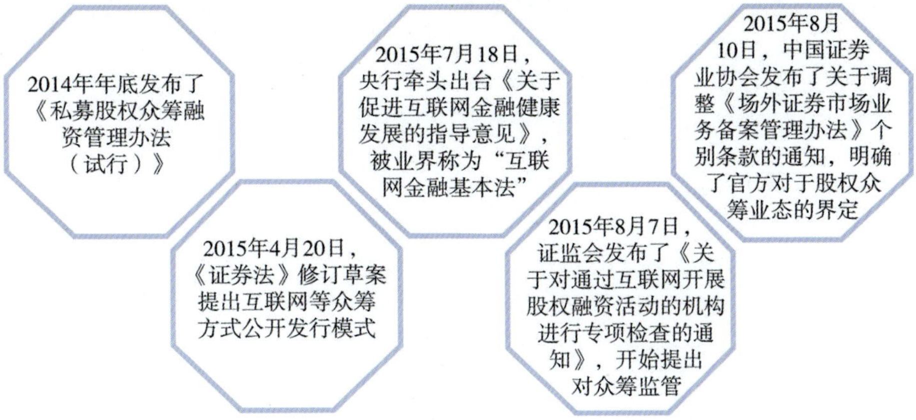

图 5-9　政府对股权众筹监管发展历程

2014 年年底，中国证券业协会发布了《私募股权众筹融资管理办法(试行)(征求意见稿)》，这是官方第一次出台针对股权众筹的法规。此文件的起草说明提到众筹融资活动在快速发展过程中的一些不容忽视的问题和风险：一是法律地位不明确，参与各方的合法权益得不到有效保障；二是业务边界模糊，容易演化为非法集资等违法犯罪活动；三是众筹平台良莠不齐，潜在的资金欺诈等风险不容忽视。

2015 年 7 月 18 日，央行牵头出台《关于促进互联网金融健康发展的指导意见》（以下简称《指导意见》），被业界称为“互联网金融基本法”，《指导意见》明确了股权众筹的定义：通过互联网形式进行公开小额股权融资的活动。《指导意见》肯定了股权众筹对我国资本市场的意义。但更加具体的法规需要证监会的监管细则予以更清晰的表达。

2015 年 9 月，山东省发布《关于开展我省互联网私募股权融资试点的意见》，对互联网私募股权融资进行了明确的定义，并对平台设立的准入条件、平台业务规范、平台禁止行为进行了明确的界定。同时，对于投资者保护有了明确的规定，提出了保障措施，是国内第一个针对互联网私募股权融资的文件，也为全国股权众筹的监管起到了示范性作用。

经过观察，可以看到监管部门的政策制定意图主要在于风险防范、方向指引、行为规范。

2. 概念

根据《指导意见》的定义：股权众筹融资主要是指通过互联网形式进行公开小额股权融资的活动。股权众筹融资必须通过股权众筹融资中介机构平台（互联网网站或其他类似的电子媒介）进行。融资中介机构可以在符合法律法规规定的前提下，对业务模式进行创新探索，发挥股权众筹融资作为多层次资本市场有机组成部分的作用，更好地服务创新创业企业；融资方应为小微企业，应通过股权众筹融资中介机构向投资人如实披露企业的商业模式、经营管理、财务、资金使用等关键信息，不得误导或欺诈投资者；投资者应当充分了解股权众筹融资活动的风险，具备相应的风险承受能力，进行小额投资。股权众筹融资业务由证监会负责监管。

二、分析

1.股权众筹的分类

股权众筹模式的分类见图 5-10。

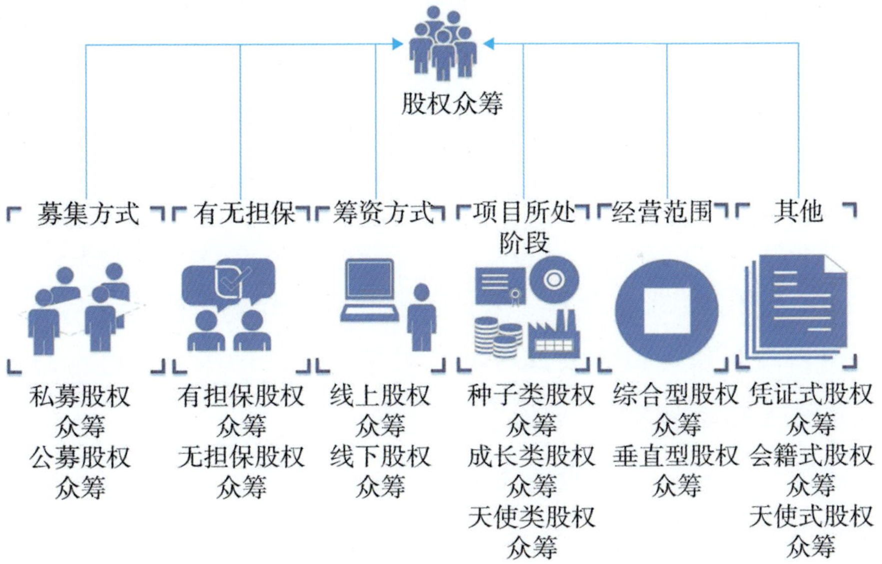

图 5-10 股权众筹模式的分类

（1）私募股权众筹和公募股权众筹　按照众筹行为的性质可将股权众筹分为私募股权众筹和公募股权众筹。前者指把众筹行为仍界定为私募行为的股权众筹，我国目前股权众筹平台都是私募性质；与之相反，像美国、英国等股权众筹发展较快的国家，都是将众筹行为界定为公募性质，众筹平台可向公众进行募集。

（2）有担保的股权众筹和无担保的股权众筹　按有无担保可将股权众筹分为有担保股权众筹和无担保股权众筹。有担保股权众筹主要是指在股权众筹业务中加入了担保元素，典型的如贷帮网，其规定由推荐项目并对项目进行担保的众筹投资人或机构作为保荐人，当众筹的项目一年之内失败，保荐人赔付全额投资款，保荐人即为担保人；无担保股权众筹则指不含担保元素的股权众筹，我国目前绝大多数股权众筹平台都是后者。

（3）线上股权众筹和线下股权众筹　按股权众筹业务开展的渠道可将股权众筹划分为线上股权众筹和线下股权众筹。线上股权众筹主要是指融资人、投资人以及股权众筹平台之间所有的信息展示、交易往来，这些都是通过互联网来完成的，包括当下许多股权众筹平台绝大多数流程通过线上完成；线下股权众筹又称圈子众筹，主要是指在线下基于同学、朋友等熟人圈子而开展的一些小型众筹活动。

（4）种子类股权众筹、天使类股权众筹和成长型股权众筹　这是按融资项目所处阶段来划分的，最早由时任中国人民银行金融研究所副所长姚余栋提出，他主张按融资项目所处的种子、天使和成长三类不同阶段，进而设置不同的股权众筹平台，最终实现股权众筹平台的递进式发展。

（5）综合型股权众筹和垂直型股权众筹　按众筹平台的经营范围可将股权众筹划分为综合型股权众筹和垂直型股权众筹。综合型股权众筹平台，其经营范围较广，基本很少涉及具体行业的划分。目前我国发展的较大的股权众筹平台基本都是综合性平台。垂直型股权众筹平台，其经营范围则有了明确的行业划分，只专注于某一领域的众筹。

（6）凭证式股权众筹、会籍式股权众筹和天使式股权众筹　凭证式股权众筹主要是指在互联网上出售某种凭证并捆绑股权的形式来进行筹集资金，投资者付出资金并取得相关凭证，该凭证又直接与创业企业或项目的股权挂钩。

会籍式股权众筹主要是指在互联网上通过熟人介绍，出资人付出资金，直接成为被投资企业的股东。国内最著名的例子当属3W咖啡。

天使式股权众筹应该是股权众筹模式的典型代表，它更接近天使投资或VC的模式，出资人通过互联网寻找投资企业或项目，付出资金或直接或间接成为该公司的股东，同时出资人往往伴有明确的财务回报要求。在天使式股权众筹中除了典型的“合投模式”，又引入了“领投—跟投模式”以及“路演模式”等。天使汇就是典型的“合投模式”，大家投网站就是典型的最早的“领投—跟投模式”。

2. 股权众筹模式分析

股权众筹分类方式多样，本书主要介绍的是“无领投模式”和“领投＋跟投模式”。

（1）无领投模式　无领投模式运作流程见图5-11。

1）融资者提出申请　融资者将拟融资项目信息（包括项目介绍、筹资金额、出让股权比例、联系方式等）上传到股权众筹平台。

2）平台对项目进行审核　平台对项目进行筛选与审核，包括约谈项目负责人、申请材料核对、项目尽职调查等。

3）发布融资项目　项目通过筛选与审核后，平台将项目的详细信息与融资情况对外发布，供投资人网上阅览。

4）投资者进行项目评估　用户注册个人信息并申请成为投资人，

之后可以对股权众筹平台上的项目信息进行浏览。

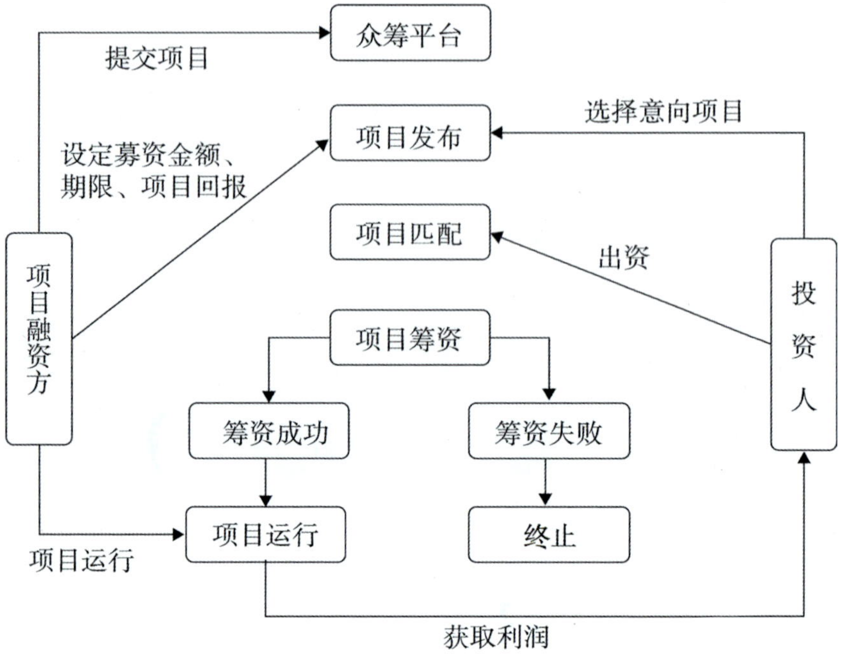

图 5-11　无领投模式运作流程

5）投资者认筹　投资者根据股权众筹平台上的项目信息并结合自身投资经验，对合适的项目进行投资。在筹资日期内，募集资金如果达不到预定目标，该项目众筹被视为不成功。

（2）领投＋跟投模式　领投＋跟投模式的业务流程见图 5-12。值得注意的是，在具体操作过程中，由于项目、平台等具体差异，以下顺序或有调整。项目筛选→创业者约谈→确定领投人→引进跟投人→签订投资意向书→设立有限合伙企业→注册公司 / 增资→签订正式投资协议→投后管理→退出。

1）项目筛选　创业者要将项目的基本信息、团队信息、商业计划书上传至股权众筹平台，由平台的审核团队对项目作出初步质量审核，并帮助其完善必要信息，提升商业计划书质量。

2）创业者约谈　有合作意向的投资者（主要是一些天使投资者）

会与创业者取得联系，并对项目的具体情况进行洽谈。一般来讲，项目投资是否成功主要取决于投资人与创业者之间的有效沟通。根据有关调查表示，多数投资者认为创始团队成员的素质与能力是评估这个项目的主要标准，只要创始团队具有足够的战略眼光和学习能力，即使项目存在不足，此次投资活动也极有可能取得成功。

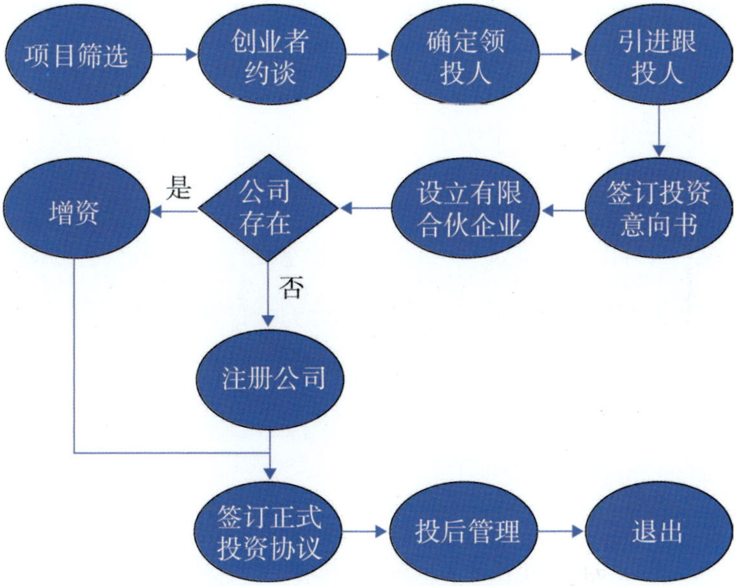

图 5-12　领投 + 跟投模式运作流程

3）确定领投人　优秀的领投人是天使投资成功的关键。领投人通常为职业投资人，在某个领域有丰富的经验，具有独立的判断力、丰富的行业资源和影响力以及很强的风险承受能力，能够专业地协助项目完善 BP，确定估值、投资条款和融资额，协助项目路演，完成本轮跟投融资。在整个股权众筹的过程中，由领投人领投项目，负责制定投资条款，并对项目进行投后管理、出席董事会以及后续退出。通常情况下，领投人可以获得 5%~20% 的利益分成作为收益，具体比例根据项目和领投人共同决定。

4）引进跟投人　跟投人在股权众筹过程中同样扮演重要的角

色。一般情况下，跟投人是不参与公司重大决策，也不进行投资管理的。跟投人通过跟投项目，获取投资回报。同时，跟投人有全部的义务和责任对项目进行审核，领投人对跟投人的投资决定不负任何责任。

5）签订投资意向书　投资意向书是投资人与创业企业就未来的投资合作交易所达成的原则性约定，除约定投资人对被投资企业的估值和计划投资金额外，还包括被投资企业应履行的主要义务和投资者要求得到的主要权利，以及投资交易达成的前提条件等内容。主要约定价格和控制两个方面：价格包括企业估值、出让股份比例等；控制条款包括董事会席位、公司治理等方面。

6）设立有限合伙企业　在合投的过程中，领投人与跟投人入股创业企业通常有两种方式：一是设立有限合伙企业以基金的形式入股，其中领投人作为 GP（一般合伙人），跟投人作为 LP（有限合伙人）；另一种则是通过签订代持协议的形式入股，领投人负责代持并担任创业企业董事。

7）注册公司　投资完成后，创业企业若已经注册公司，则直接增资；若没有注册公司，则注册新公司并办理工商变更。

8）签订正式投资协议　正式投资协议是天使投资过程中的核心交易文件，包含了意向书中的主要条款。正式投资协议主要规定了投资人支付投资款的义务及其付款后获得的股东权利，并以此为基础规定了与投资人相对应的公司和创始人的权利义务。协议内的条款可以由投融资双方根据需要选择增减。

9）投后管理　除资金以外，天使投资人利用自身的经验与资源为创业者提供投后管理服务，帮助创业企业更快成长。另外，类似于云筹这样的股权众筹平台，也会在企业完成众筹后，为创业者和投资人设立投后管理的对接渠道。

投后管理服务包括：发展战略及产品定位辅导、财务及法务辅导、帮助企业招聘人才、帮助企业拓展业务、帮助企业再融资等方面。

10）退出　退出是天使投资资金流通的关键所在，只有完成了有效的退出才能将初创企业成长所带来的账面增值转换为天使投资人的实际收益。天使投资主要的退出方式包括VC接盘、并购退出、管理层回购、IPO、破产清算等。

3. 股权众筹的优劣分析

（1）优势

1）有利于多层次资本市场的建立　众筹融资平台的出现，可以鼓励大量非专业的投资人和机构参与到项目投资中来，降低投资门槛，形成良好的投资氛围，有利于建设多层次的资本市场。

2）解决了小微企业的融资问题　中小型企业的成长和壮大是国家财富积累、生产力水平提升、科学技术创新的重要来源。中小型企业可以加速经济发展，促进就业。

3）有利于促进“大众创业，万众创新”　股权众筹的出现，使创业者有一个平台向广大的投资者展现自己的想法，在解决资金问题的同时，一方面能够得到大众的反馈，找出自身存在的不足，并进行一个不错的宣传，也节约了大量的广告成本；另一方面也能够吸引更多有识之士加入这样一个团队中来，让这个小的梦想逐渐壮大，最终成为现实。

（2）劣势

1）股东结构不合理　对于“合投模式”的股权众筹，由于投资者投入的资金量的门槛并不高，也是普通工薪阶层承受范围之内的一种投资方式，就导致了股东背景的多样化。一方面股东中可能并没有专业的人员来对公司进行管理，且股东可能来自全国各地，有各自的工作，在公司的经营、风控、管理上也是爱莫能助；另一方面，由于股东投资金额并不大，使得众多股东没有谁能“控股”，导致大家对项目既关心又不可能全身心投入。

2）股东无法参与公司经营　在很多众筹项目中，众筹股东虽然是公司股东，但是几乎很难行使公司股东的权利，基本上都不太能亲自参加股东会、参与股东会表决和投票。

从众筹公司角度，如果每次股东会都有上百人来参加，对协调和决策都会造成很大障碍，可能导致议题难以达成共识而不能通过。而站在众筹的股东的角度，如果不能享有参与权与投票权，股东的利益又很难得到保障，很可能众筹公司收了股东的钱，不为公司办事，不好好经营，或者经营好了却把公司资产挪为己有。

3）股东身份难以直接体现　对于委托持股模式，众筹股东的名字不会在工商登记里体现出来，只会显示实名股东的名字。尽管法律认可委托持股的合法性，但是还需要证明众筹股东有委托过实名股东，这种委托关系是众筹股东和实名股东之间的内部约定，而这种约定并没有书面文件，或者其他证据证明，仅仅是网站上的一串数字。众筹公司股东名册里只有持股平台，没有众筹股东，倘若众筹公司和实名公司否认了投资者的股东身份，众筹股东也无法寻求法律保护。

三、发展现状及趋势

国内部分股权众筹平台见表 5-4。

表 5-4　国内部分股权众筹平台一览表

平台名称	上线时间	平台简介
天使汇	2011 年 11 月	主攻天使阶段的股权众筹，致力于让靠谱的项目找到靠谱的钱。由于平台投资者为专业的天使投资人，故小散户比较难参与

续 表

平台名称	上线时间	平台简介
众筹网	2013 年 2 月	网信金融集团旗下的众筹模式网站，其原本的众筹模式主要为捐赠众筹与奖励众筹，同原始会合并后，又增加了股权众筹与房产众筹
众投邦	2014 年 1 月	境内首家专注新三板企业的股权众筹平台。平台发展极快，借力于新三板与股权众筹的火爆，平台快速吸纳了一大批高净值投资人士入驻。其中，已挂牌新三板企业“华人天地”成为业内采用股权众筹方式融资的经典案例
天使客	2014 年 3 月	天使客是一个主打“精品路线”的股权众筹平台，专注 TMT 领域天使阶段到 Pre-A 阶段的股权众筹
天使街	2014 年 6 月	境内首家专注生活服务的众筹融资平台
大伙投	2014 年 8 月	股权众筹领域最开放的共享型服务平台。为海内外各领域、各区域的项目保荐商、众筹代理商提供一站式的自营铺位，上线不到一年时间即推出了一套系统性的商业模式，首推保荐模式
京东众筹	2014 年 7 月	京东众筹为京东旗下众筹平台，主要布局产品众筹与股权众筹

1. 股权众筹的发展现状

（1）股权众筹高速发展，主要集中于一线城市　根据清科研究中心统计，2014 年和 2015 年上线的股权众筹平台分别有 50 家和 84 家，分别占全部股权众筹平台的 35.5% 和 59.6%，2014 年和 2015 年成为股权众筹行业“井喷”的年份，京东、阿里巴巴也在 2015 年加入股权众筹行业中。截至 2015 年年底，中国股权众筹平台累计成功众筹项目数达 2 338 个，其中 2015 年成功众筹项目 1 175 个，占全部众筹数目的五成，股权众筹累计成功众筹金额近百亿元，其中 2015 年成功众筹金额 43.74 亿元，约占全部众筹金额的一半。

股权众筹平台聚集在创业企业大量扎堆的城市，如北京、上海、深圳、杭州等城市。完善健全的创业生态能够大大降低创业企业的试错成本，加快企业发展，提高创业成功率。一线城市拥有丰富的资源，能够为创业者提供良好的创业生态环境，因此大量的股权众筹平台也应运而生。

股权众筹平台情况见图 5-13 至图 5-16。

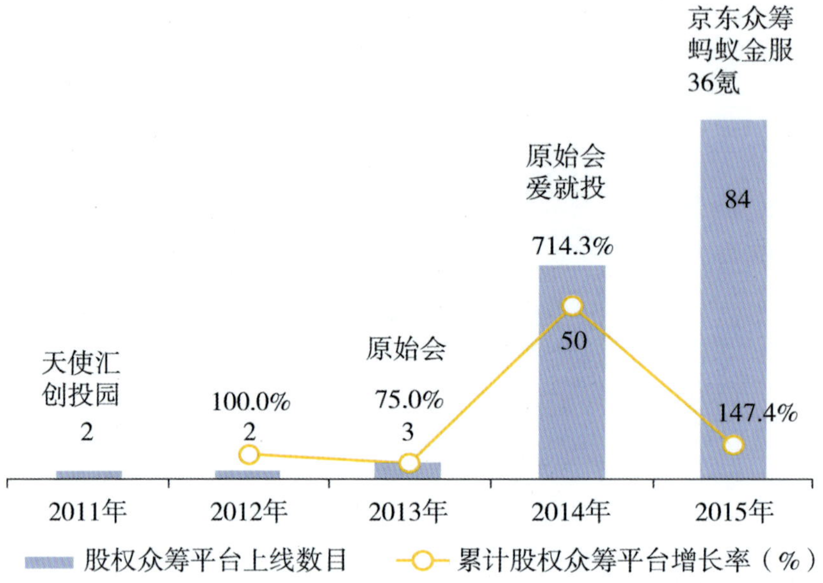

图 5-13　股权众筹平台上线年份分布

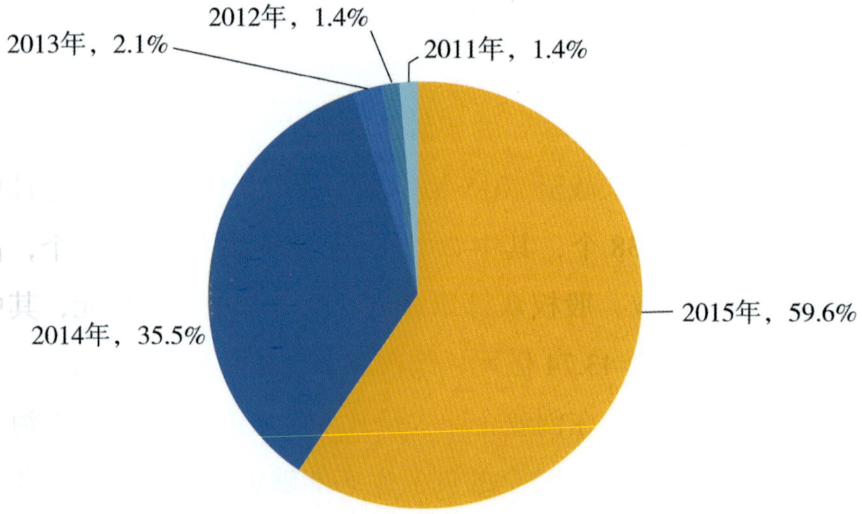

图 5-14　股权众筹平台上线时间占比分布

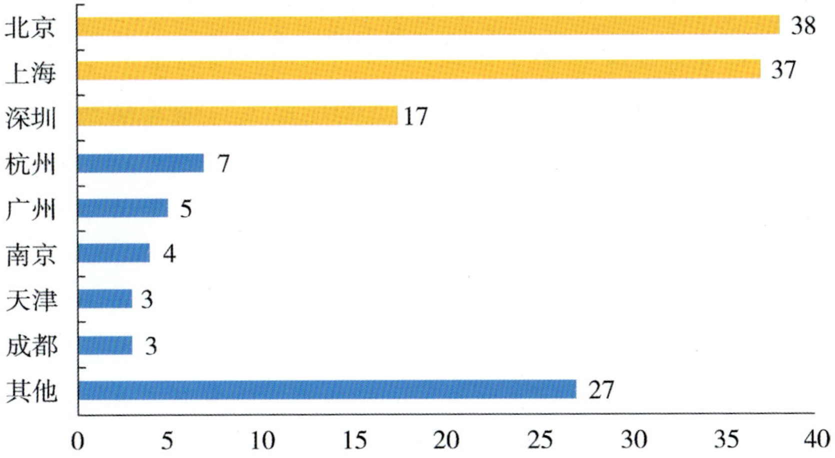

图 5-15　股权众筹平台地域分布

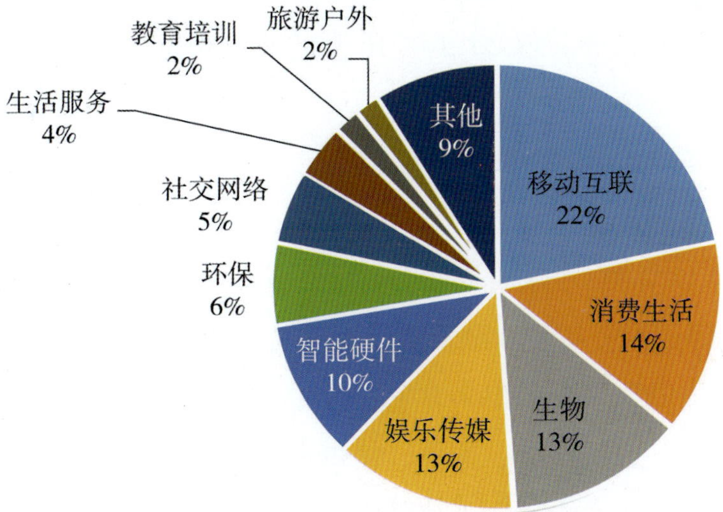

图 5-16　2015 年股权众筹平台成功众筹金额行业占比分布

（2）股权众筹垂直细分行业集聚但投资人仍不成熟　从行业的角度看，股权众筹平台上的项目主要包含移动互联、消费生活、智能硬件等细分行业。从受支持者追捧的程度来看，与吃喝玩乐等消费有关的项目更能吸引投资者的目光。

这是因为生活消费类的项目与我们的日常生活更加贴近，投资者对于项目内容也更容易接受，所以项目成功所需时间更短。但是，从另外一个角度也反映出了投资者的不成熟，尽管股权众筹平台上的投资者大部分是经过平台认证的合格投资人，但与传统机构中的投资人相比，其专业能力更差一些。

（3）平台质量参差不齐　平台数量的飙升是行业爆发式增长的体现，但实际的发展情况，还需看平台类型的分化。目前各大平台的发展状况呈现出参差不齐的态势，随着行业竞争的加剧，股权众筹的发展已逐渐从草根探路阶段过渡到专业与综合大平台相互竞争的阶段。

（4）资本寒冬，股权众筹逆势发展　2015 年开始，国内投融资市场呈下滑态势。但 2015 年 10 月的股权众筹市场却反势逆袭，成就了筹资总额 8.14 亿元的神话。不论是众筹项目的数量还是融资额都一再高起，纪录不断被刷新。

2. 趋势分析

（1）O2O 化　仅有线下的股权融资和线上的股权众筹是不够的，为了保证投资质量和融资效率，股权众筹将朝着 O2O 模式发展，将线下的优质项目挖掘出来拿到线上供投资人选择，同时又将线上的项目在线下进行路演、推荐，使得更多优质的项目为广大投资者所了解。一方面大大减少了这其中的信息不对称，保证了融资的质量；另一方面，进一步拓宽了投资者和创业者的投资和融资渠道。

（2）社交化　目前的时代已成为新型的“社区时代”，而这个“社区”基于互联网的所有的经济活动都将在社区之中进行，这为私人订制的个性化需求提供了可能。基于互联网“社区”的股权众筹也可能将在特定的“社区”中发生与进行，通过“社区”进行股权众筹将大大提高交易的效率，保证项目的质量，从而减少诚信缺失环境下的虚假和欺诈问题。

（3）生态化　股权众筹若要得到发展，不能仅以一个孤立的平台存在。要发展成为多层次资本市场体系中的一员，必须与其他资本市场建立有机的联系，这就是股权众筹的生态化。未来生态化的趋势主要表现为两大方面：

第一，股权众筹平台将与孵化器、创业训练、天使投资基金、创业者、创业服务者等建立连接，为靠谱的创业者提供一系列服务，从而培育出大量的优质项目，最大限度地发挥平台的作用。

第二，股权众筹平台将与国内的新三板、区域性的产权交易所、证券交易所及境外的各类证券交易市场建立广泛的联系与有效的衔接，成为这些股权交易市场的前端、交易目标的输送者和提供者。这样的有机结合能够使股权众筹市场成为多层次资本市场的一员，与其他股权交易市场有机衔接，以发挥其独特的股权融资作用。

导入案例

西游记之大圣归来

2015 年 7 月 10 日上映的国产动画电影《西游记之大圣归来》以截至 2015 年 7 月底 7 亿多的票房，打破 2011 年美国动画电影《功夫熊猫 2》6.17 亿中国市场票房纪录，最终以 9.56 亿的票房成为中国市场最卖座的动画电影。

这一部耗时八年的电影成为拯救中国动画的奇兵，它不仅仅是中国动画电影的一大突破，更加吸引眼球的是片尾出现了 109 位小朋友的名字，因为这是由这些小朋友的家长共同筹资所完成的电影，他们以出资少则一两万元，多则数十万元，合计投入780万元，才造就了国产动漫的传奇。当然，优异的票房成绩也意味着在兑付时他们预计可获得本息约3 000万元，相当于人均净赚25万元。这么巨大的收益无疑使广大普通投资者为之震撼，这也成为中国产品众筹一个非常典型的成功案例。

本章小结

众筹是新兴的互联网金融中非常重要的一部分，它作为一种全新的融资方式，在如今的资本市场占据着非常重要的地位，对于解决我国中小微企业融资难、融资贵的问题作出了巨大的贡献。

众筹主要包括产品众筹、债权众筹（P2P）、捐赠众筹和股权众筹。作为一种新的业态，众筹在我国处于起步阶段，有着巨大的市场空间，但同时也存在着诸多的问题。

第六章
第三方支付

导读

第三方支付是具备一定实力和信誉保障的独立机构，采用与各大银行签约的方式，提供与银行支付结算系统接口的交易支持平台的网络支付模式。第三方支付平台是指平台提供商通过通信、计算机和信息安全技术，在商家和银行之间建立连接，从而实现消费者、金融机构以及商家之间货币支付、现金流转、资金清算、查询统计的一个平台。在第三方支付模式中，买方选购商品后，使用第三方平台提供的账户进行货款支付，并由第三方通知卖家货款到账、要求发货；买方收到货物，检验商品进行确认后，就可以通知第三方付款给卖家，第三方再将款项转至卖家账户上。第三方支付和第三方支付平台是两个不同的概念，但两者关系密切，第三方支付平台是第三方支付这种支付方式得以实现所必需的媒介。

知识架构

- 第三方支付
  - 第三方支付概述
  - 第三方支付平台概况
  - 第三方支付模式与流程
  - 第三方支付平台举例

导入案例

第三方支付“烘焙”万亿元市场

网络银行、手机钱包等第三方支付工具在悄然改变着我们的生活，同时也蕴含着巨大的商机。

国内的第三方支付始自 2001 年，当时最早的模式是网关模式。这种模式最大的问题就在于，门槛低，价值有限，简单地做个网关软件，并不深入做行业。到 2005 年，新支付企业逐渐发展起来，呈现出一些新的模式，包括易宝模式、支付宝模式、财付通模式等。

据易观国际 2010 年 8 月发布的数据显示，2010 年上半年中国第三方支付市场规模达到 4 546 亿元，环比增长 33%，比 2009 年同期增长 89%。

第一节　第三方支付概述

电子支付在中国的发展开始于 1998 年招商银行推出的网上银行业务，随后各大银行的网上缴费、移动银行业务和网上交易等逐渐发展起来。银行在初期完全主导着电子支付，大型企业用户与银行之间建立支付接口是最主要的支付模式。但银行在处理中小型商户的业务方面明显存在不足，于是非银行类的企业开始介入支付领域，第三方支付平台应运而生。北京首信、上海环迅、网银在线、支付宝等诸多具有较强银行接口技术的服务商，在银行基础支付层提供的统一平台和接口的基础上，提供网上支付通道，并通过与银行的二次结算获得分成。这类第三方支付模式是目前国内比较成熟的电子商务支付模式。

一、第三方支付的基本概念

在有关第三方支付的研究文献和书籍中，经常出现“第三方支付”“第三方支付系统”“第三方支付平台”“第三方支付企业/机构”“第三方网上支付中介”一系列名词，它们有怎样的区别和联系呢？

1.第三方支付

第三方支付是具备一定实力和信誉保障的独立机构，采用与各大银行签约的方式，提供与银行支付结算系统接口的交易支持平台的网络支付模式。在第三方支付模式中，买方选购商品后，使用第三方平台提供的账户进行货款支付,并由第三方通知卖家货款到账，要求发货；买方收到货物，并检验商品确认后，就可以通知第三方付款给卖家,第三方再将款项转至卖家账户上。

第三方支付是电子支付产业链中重要的纽带,一方面连接银行，处理资金结算、客户服务等一系列工作；另一方面连接商户和消费者，使客户的支付交易能顺利接入。由于拥有款项收付的便利性、功能的可拓展性、信用中介的信誉保证等优势，第三方支付较好地解决了长期困扰电子商务的诚信、物流、现金流问题，在电子商务中发挥着重要作用。

第三方支付服务商与多家银行合作,提供统一的应用接口。这样,无须分别安装各银行的专用接口，商家就能够利用不同银行的支付通道，在支付手段上为顾客提供更多选择。同时，第三方支付也帮助银行节省网关开发费用，创造更大的利润空间。因此，第三方支付既可以节省买卖双方的交易成本，也能节约资源，降低社会交易成本，有利于提高网上交易的效率，促进电子商务的拓展，创造更多的社会价值。

随着电子商务的快速发展，人们对电子支付的需求进一步提升，而第三方支付凭借其对交易过程的监控和交易双方利益的保障，获得了广大个人用户及商户的青睐。此外，企业逐渐开始利用第三方电子支付进行跨地区收款及各类资金流管理，行业应用逐渐普及。

2.第三方支付平台与第三方支付系统

第三方支付平台是指平台提供商通过通信、计算机和信息安全技术，在商家和银行之间建立连接，实现从消费者到金融机构以及商家之间货币支付、现金流转、资金清算、查询统计的一个系统，其本质是一个支付系统，即第三方支付系统。

随着电子商务的蓬勃发展，网上购物、在线交易对于消费者而言已经从一个新鲜未知的事物变成了日常生活的一部分。随着电子商务活动交易制度的日渐规范和安全保障的日益完善，更多的消费者正在走出商店超市，在线上通道进行在线购物。对于网络商家而言，传统的支付方式如银行汇款、邮政汇款等，都需要购买者去银行或邮局办理烦琐的汇款业务；而如果采用货到付款方式，又给商家带来了一定风险和昂贵的物流成本。因此，第三方支付平台在这种需求下逐步诞生。第三方支付平台将交易信息和物流信息进行整合，为电子商务的资金流、信息流、物流三大瓶颈问题提供一致的解决方案。通过第三方支付平台，商家网站能够进行实时交易查询和交易系统分析，提供及时的退款和支付服务，便于客户查询交易动态信息、物流状态，以及对交易进行相应处理等。第三方支付平台关于交易信息的详细记录，可以防止交易双方对交易行为的抵赖，也为售后可能出现的纠纷问题提供相应的证据，维护双方权益。

第三方支付平台是在网络安全平台之上建立的在线支付服务平台，作为买卖双方交易过程中的“中间件”，第三方支付平台旨在通过一定手段为交易双方提供信用担保，从而化解网上交易风险的不确定性，有效防止电子交易中的欺诈行为，增加网上交易成交的可能性，并在交易后提供相应的增值服务。有了它，买卖双方的交易得以轻松地进行，它伴随着网上交易而来，只要拥有一个或多个在线支付平台账号，就能够在一个相对安全的网络环境里享受购物的乐趣。

3. 第三方支付与第三方支付平台

通过上述对第三方支付与第三方支付平台的简单介绍，可以得出结论：第三方支付与第三方支付平台不是一个概念，但它们之间存在密切的关系。

第一，第三方支付是一种支付方式，或者说是一种支付渠道。在这种支付方式中，由第三方独立机构担当买卖双方的“信用中介”，同时提供与多家银行支付结算系统的对接，保障了买卖双方的合法权益。第三方支付平台则是一种由网络、技术、软件、服务等构成的实现第三方支付的平台系统。不同的第三方机构可以建立不同的第三方支付平台。

第二，第三方支付平台是第三方支付这种支付方式得以实现所必需的媒介，或者说，第三方支付平台是看得见的第三方支付形式。没有第三方支付平台，第三方支付也就只能停留在理论层面，而不能真正付诸实施。正因为第三方支付平台和第三方支付之间存在如此紧密的关系，人们在平时谈到第三方支付和第三方支付平台时，有时并没有对二者进行严格的区分。

第三，第三方支付实际上是第三方支付服务公司，第三方支付平台实际上是第三方支付系统。第三方支付服务公司运营第三方支付系统。

二、第三方支付的特点

第三方支付服务主要有支付中介、技术中间件、信用保证和个性化与增值服务等特点。

1. 支付中介

具体形式是付款人和收款人不直接发生货款往来，借助第三方支付平台完成款项在付款人、银行、第三方支付机构、收款人之间的转移。

2. 技术中间件

第三方支付平台通过连接多家银行，使银行系统与互联网之间能够加密传输数据，向商家提供统一支付接口，使商家不需要与各家银行一一谈判就能够同时使用多家银行的支付通道。

3. 信用保证

运行规范的第三方支付平台，只向合法注册的企业提供支付网关服务，不向个人网站提供服务，在很大程度上避免了交易欺诈的发生，使消费者使用网上支付更有信心。交易双方交易的详细记录，也可以防止交易双方对交易行为的抵赖，减少可能产生的交易纠纷。

4. 个性化与增值服务

第三方支付可以根据商户业务发展和市场竞争情况创造新的商业模式，定制个性化的支付结算服务，如对航空商户提供的分账服务等。

三、第三方支付的价值链

在完成第三方支付服务过程中，有众多的参与者，形成了第三方支付价值链，在价值链中，前端是在线商户和网络消费者（统称为第三方支付服务的消费者），中间是各第三方支付平台，而后端是以银行为代表的金融机构，其价值链见图 6–1。

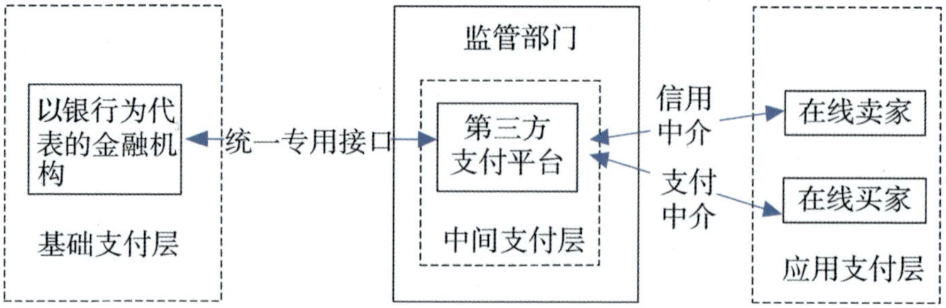

图 6–1　第三方支付价值链

基础支付层：处在这层的主要是以银行为代表的金融机构，负责搭建基础的支付平台，实现银行层面的互联互通，并为第三方支付企业提供统一的网关。基础支付层的重点是提供安全、稳定的金融服务。

中间支付层：具有较强银行接口技术的企业在基础支付层提供的统一平台和接口基础上进行集成、封装等二次开发而形成的支付中间平台。中间支付平台可以承载很大数据量，具有极高的支付成功率，银行和网上用户通过中间支付平台可以实现二次结算。

应用支付层：是为第三方支付平台的终端用户服务，展现的是支付终端和页面。应用支付层终端通过用户强大的市场需求，推动第三方支付价值链的发展。

四、第三方支付的参与主体

通过第三方支付价值链分析，可知第三方支付重要的参与者有消费者、金融机构、第三方支付机构。

1. 消费者

第三方支付的消费者主要包括用户和商户两种。

用户是指为满足生产、生活消费而需要购买、使用商品或者接受服务的个人客户群体和企业客户群体，是支付工具的被动接受者和使用者，只能选择满足其生活用品或服务的商户所提供的支付方式。

商户是指那些为用户提供其生产、销售、生活的商品或服务的经营群体,是第三方支付的直接客户,是电子支付服务的直接购买者。

2. 金融机构

金融机构是指以银行为主体，其他非银行金融机构为补充的金融服务体。在网上支付领域，银行具有无法替代的优势，第三方支付离不开银行,必须以银行为基础。然而银行与第三方支付机构合作,也能提升用户使用网上银行的频率。

3. 第三方支付机构

第三方支付机构通过与银行合作，以银行的支付结算功能为基础，向政府、企业和个人提供个性化的支付清算与增值服务。它的存在为第三方支付价值链中的用户、商户以及金融机构都带来不可替代的价值。

五、第三方支付的优势与劣势

1. 优势

（1）解决了网络时代物流和资金流时间和空间上的不对称问题　第三方支付在商家与顾客之间建立了一个安全、有效、便捷、低成本的资金划拨方式，保证了交易过程中资金流和物流的正常双向流动,有效缓解了电子商务发展的支付压力,成为解开“支付死扣”

的一种有益尝试。

（2）有效地减少了电子商务交易中的欺诈行为　第三方支付不仅解决了物流和资金流双向流动的问题，而且可以对交易双方进行约束和监督，增加了网上交易的可信度，在一定程度上消除了人们对网上交易和网上购物的疑虑，让越来越多的人相信并使用网络交易功能。另外，第三方支付平台可以对交易双方的交易进行详细记录，从而防止交易双方对交易行为可能抵赖的发生，并且为在后续交易中可能出现的纠纷问题提供相应的证据。

（3）节约交易成本，缩短交易周期，提高电子商务的效率　第三方支付依托银行系统，只要通过互联网就可以完成支付的整个行为过程，大大缩减了电子商务的交易周期，节约了时间成本和办公成本。

（4）促进银行业务的拓展和服务质量的提高　作为金融服务的一种创新业务，网上支付不仅节约了银行成本，有利于银行业务处理速度的提高和服务业务的拓展，增加银行中间业务的收入。更重要的是，第三方支付平台改变了银行的支付处理方式，使消费者随时随地都可以通过互联网获得银行业务服务。

（5）能够较好地突破网上交易中的信用问题　第三方支付本身依附于大型的门户网站，且以与其合作银行的信用作为其信用依托，能够较好地突破网上交易中的信用问题，有利于推动电子商务的快速发展。

（6）操作简便可靠　第三方支付平台与银行的交易接口直接对接，支持多家银行的多卡支付。采用先进的加密模式，在银行、消费者和商家之间传输和存储信息资料。同时，还根据不同用户需要对界面、功能进行调整，更加个性化和人性化。并且，有了第三方支付平台，商家和客户之间的交涉由第三方来完成，使网上交易变得更加简单。

2. 第三方支付的劣势

（1）用户信任度不高　在第三方支付模式中，第三方支付企业作为独立机构从事金融服务，用户出于固有观念，对第三方支付企业不十分信任，认为安全系数低。

（2）盈利少　第三方支付平台企业运行维护成本高，没有很好的盈利模式，部分第三方支付平台甚至处于不盈利状态。

（3）银行依赖性强　第三方支付平台账户资金的流动依赖于银行，同时，由于缺乏认证系统，为了支付信息的安全，第三方支付平台必须依赖银行的专业技术。

（4）面临银行和银联的强势竞争　目前国内提供网上支付的机构主要有各大商业银行、银联和第三方支付平台企业。

国内各家商业银行都在大力推进网上支付，网上支付已成为各行网上银行业务的新亮点，未来几年网上支付将成为各银行电子银行服务竞争的主要领域。由于银行专门从事金融服务，因而信誉和用户认可度高，并且资金和技术实力强。

银联本身具有政府背景，银联电子支付方式也比较简单，消费者比较容易接受，且大部分银行卡网上支付功能的开通无须申请，方便快捷，外卡受理、接入的费用较低。因此，独立的第三方支付平台企业面临银行和银联强大的竞争压力。

六、第三方支付的发展现状

1. 市场规模

根据国家金融与发展实验室发布的市场数据显示，2018 年中国第三方互联网支付交易规模达到29.1万亿元，同比增速3.6%，见图6–2。

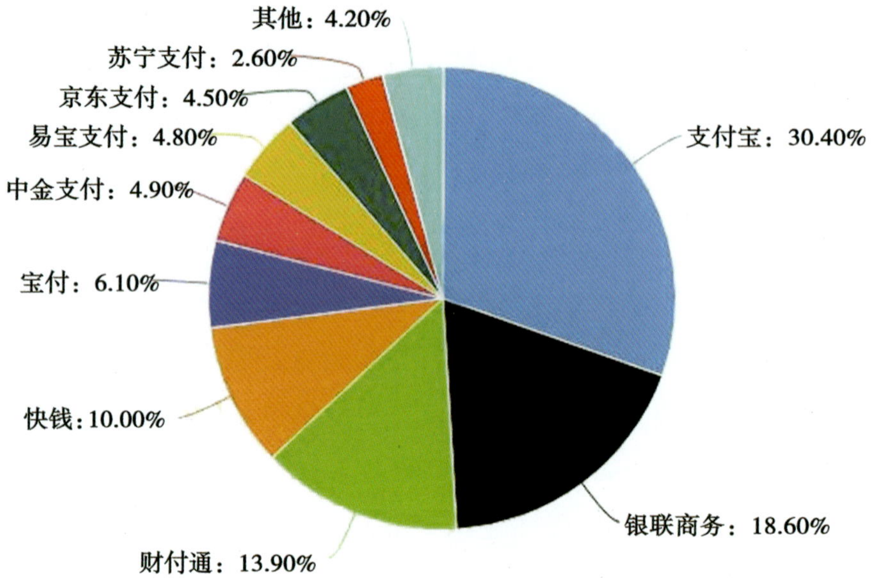

图6–2　2018年中国第三方互联网支付交易规模市场份额

在第三方互联网支付交易规模市场份额中，支付宝占比30.40%，银联商务占比18.60%，财付通占比13.90%，快钱占比10.00%，易宝支付占比4.80%，京东支付占比4.50%。

2.发展特点

中国第三方支付发展中呈现出以下特点：

（1）非独立的支付服务商(某一电子商务网站旗下提供支付服务的子公司)占主流地位　以支付宝、财付通和银联为代表的非独立支付服务商目前在我国的第三方支付市场中占据绝对主流的地位。非独立的支付企业(独立的、不隶属于任何电子商务网站的支付企业)的成功在很大程度上是借助于其背后集团企业强大的商业资源、技术背景以及品牌实力的支持，这一点是很多独立第三方支付服务商在短时间内很难赶上的。

（2）支付服务商趋向行业细分化　随着网上支付市场的发展，第三方支付服务商行业细分化的趋势越来越明显，支付的行业化和专业化服务迹象已经出现，未来一些支付服务商很可能成为行业性的支付平台，针对不同的行业领域提供不同的专业支付产品。比如目前易宝在机票行业、支付宝在购物行业、环迅在游戏行业、财付通在彩票行业、首信易支付在教育行业都成为极具竞争优势的支付平台。未来中国第三方支付平台的发展趋势必然是以行业支付需求为导向，逐步走向专业化。

（3）账户支付将替代网关支付　在网关支付模式下，业务模式单一，企业商户与个人用户的需求还没有深化，支付企业的差异化服务未被进一步挖掘，产品和服务同质化严重，从而导致低层次的支付供给无限放大，高层次的需求却很难满足，供给与需求的特殊状况决定市场竞争中非理性价格战的出现。而账户支付强调产品和服务的差异化，支付企业可充分利用自身资源给商户提供更多增值服务。支付企业以满足企业商户和个人用户的个性化和差异化的支付需求为目标，支付企业之间进行的是价值战。

（4）银行与支付服务商的竞争日益凸显　在目前第三方支付的产业链上，既有第三方支付企业之间为争夺商户和用户所展开的竞争，也有各大银行的网上银行服务不断改进后形成的竞争，尤其随着当前网上支付方式逐渐被广大商家所重视以及 B2B 网上支付的日渐发展，银行与第三方支付企业的竞争也日益凸显。虽然多数银行乐于为第三方支付企业提供网关接口，但是在现阶段银行在与第三方支付企业的利益分配的问题上仍然有较强的控制权。

第二节　第三方支付平台概况

一、第三方支付平台发展概况

我国最早的第三方支付企业是成立于 1999 年的北京首信和上海环迅，两家公司主要面向 B2C 的支付业务。2004 年下半年，第三方支付开始受到市场的极大关注，国内各商家纷纷涉足。之后，各大 C2C 购物网站如淘宝网、易趣网都分别推出了各自的第三方支付工具“支付宝”“安付通”。2005 年，PayPal 与上海网付易公司合作建立了本土化支付产品“贝宝”。与此同时，快钱、银联电子支付等国内专营第三方支付平台的公司纷纷出现，共同来分享这块市场。

五大支付平台竞争的优劣势见表 6-1。

表 6-1　五大支付平台竞争优劣势

支付工具	优势	劣势
支付宝	①具有良好的信用度和网站品牌支撑 ②货款托管 ③在线支付手续费全免 ④付款到账发货，快速高效 ⑤全额先期赔偿损失	流程有漏洞，有欺诈行为
安付通	①有良好的网站品牌支撑 ②验货后放款，安全系数高 ③首创无上限卖家保障金，卖家安心 ④帮助卖家管理交易，卖家省心	①没有明确纠纷解决方案 ②收取注册费用 ③网速慢，沟通不便
首信易	①提供统一接口及自动对账功能 ② 7×24 小时实时结算，日清月结 ③可查看实时订单明细，结算款项 ④业务广，有多种支付手段 ⑤接入简便，适用范围广	①先付款后交货 ②信用度低 ③知名度低，营销欠佳

续 表

支付工具	优势	劣势
云网	①挂单率为 0，不流失商机 ②实时购买，订单响应，转账结算 ③高度自定义结算机制 ④多维度单据查询，提供业务决策支持 ⑤量身定做的行业解决方案	①对商户收费，不利竞争 ②模式简单，易被复制 ③防御信用风险能力有待加强
易宝	①独立的第三方支付提供商，跟商家不会产生冲突 ②融合了互联网、手机、电话以及银行卡和充值卡等多元化的支付方式 ③首倡绿色支付理念，安全、便捷、低成本、高效率、创新、公益 ④量身定做的行业解决方案	①在单个领域缺乏用户优势 ②知名度低

二、第三方支付平台业务模式和特色服务

中国排名靠前的第三方支付平台的主要业务模式、主要行业及特色服务等情况，见表 6–2。

表 6–2　中国排名前十的第三方支付平台业务情况

名称	主要业务模式	主要行业	特点
支付宝	C2C：为淘宝网提供支付服务 B2C：为其他网上商户提供支付服务	虚拟游戏 数码通信 商业服务 航空客票	以淘宝网巨大客户群为基础 免费为个人和商户服务 承诺买卖双方全额赔付
财付通	C2C：为腾讯提供支付服务 B2C：为其他网上商户提供支付服务	QQ 小钱包 手机话费充值 机票查询订购 在线影视点播 游戏点卡充值	免费为个人和商户服务 先行赔付，信用中介

续　表

名称	主要业务模式	主要行业	特点
银联电子支付	B2C：专业的第三方支付机构	航空票务、公益事业、网络游戏、体育、消费品、旅游、制造、网上投资理财、公众缴费、代收、代付	①专注于第三方支付 ②网上代付平台，为企业提供代付代发渠道 ③电话支付业务，与各个银行的电话银行系统对接 ④网付宝支付业务 ⑤企业账户支付 ⑥网上转账 ⑦银联通网上基金 ⑧国际汇兑，中小额国际个人间快速电子汇款
安付通	C2C：为 eBay 提供服务 B2C：网上商户		依托 eBay、贝宝和 TOM 在线；作为值得信赖的交易第三方监控交易
上海环迅 IPS	B2C：“IPS—付通”网关	网上支付 电话支付 电信充值卡支付 E-mail 收付款	通过 E-mail 进行收付款服务 工具“IPS 任我付” 导购门户网站 首家支持外卡实时在线支付
快钱	B2C	E-mail 支付 手机号支付 预付卡支付	①第一家提供基于 E-mail 和手机号码的网上收付费平台的互联网企业 ②产品和服务内容广泛，涵盖了账户管理、网上充值、网上结算、网上付款、网上催款等基本功能和支付网关、快钱钮、募捐钮、快钱保等多种工具
贝宝	C2C B2C	E-mail 支付 国际信用卡	①依托 eBay 和 PayPal（美国） ②有电子邮件就能支付，方便、灵活 ③与中国银联支付（Chinapay）结成战略合作 ④小额赔付承诺 ⑤免费

续 表

名称	主要业务模式	主要行业	特点
YeePay易宝	B2C	提供在线支付、电话支付、手机支付和虚拟货币支付等多元化支付形式	目标客户为中小商家，大客户有江民科技、读书人俱乐部、内蒙古联通、猫扑等
网银在线	B2C：第三方支付 C2C：网银钱包	网上支付 E-mail 支付 手机支付 国际信用卡 书籍、软件产品	①定位于专业的第三方支付 ② Moto-pay（国内外信用卡的电话、手机或邮件支付）
首信易	B2B B2C G2C	书籍、软件产品、电子数码产品、航空客票	①政府背景，800余家企事业单位、政府机关、社会团体 ②多渠道，可在社区、互联网、银行柜台、信息亭、手机、电话等多种终端进行支付 ③多领域，在电子商务和电子政务领域的交易、支付、计费、清算、会员管理等应用
云网	B2C	提供在线支付、移动支付	①占国内网上数字卡交易市场份额的80%以上 ②零挂单

三、第三方支付平台发展特点

1. 进入成本低

随着商业银行网上银行业务的纷纷推出，第三方支付平台连接银行的成本越来越低，进入门槛降低；第三方网上支付平台属于高风险行业，退出壁垒较高，因此网上支付服务提供商并不能轻易退出，而是在行业内维持竞争状态。

2. 发展处于初期

目前该第三方支付产业仍然处于发展初期，产业链中的各方对于自身的定位和业务模式尚未有深刻的理解。比如商户与银行的关系、第三方支付与银行的关系、大型商户所属的第三方支付网关与纯第三方支付网关之间的关系等。无行业标准，业务流程、交易格式、安全规则都不尽相同。

3. 竞争激烈

由于该产业处于发展初期，出现了上下游之间、第三方网上支付平台之间对优质商户的争夺。

（1）上下游互相渗透　产业链中的各方为了争夺市场纷纷向上、向下渗透。大型商户向第三方支付渗透，网上银行直联优质大型商户，C2C 的第三方支付向 B2C 发展商户。

（2）差异化、专业化经营，市场日益细分　第三方支付在支付安全、快捷和方便上发展出了有中国特色的业务模式；针对行业特点，在航空客票、游戏点卡、公用付费、E-mail 汇款等方面纷纷推出了自己的特色业务。

（3）竞争加剧和市场广阔的矛盾　C2C 获得爆发性发展，而 B2C 也发展迅速，但从行业和收入模式上都呈现集中化和同质化倾向，各种业务模式多，能够达到规模实现盈利的少，急需找到“蓝海”。

第三节　第三方支付模式与流程

第三方支付按照不同的维度，有不同的分类。按服务对象分为独立第三方支付和非独立第三方支付，按服务特色分为网关支付模式、账户支付模式和特殊的第三方支付模式三种类型。其中账户支付模式是指用户在支付平台用 E-mail 或手机号为用户名开设虚拟账户，用户可以对虚拟账户进行充值和取现，并用虚拟账户中的资金进行交易支付。按照是否具有担保功能可以分为具有担保的账户支付模式（间付支付模式）和不具有担保的账户支付模式（直付支付模式），如图 6–3 所示。

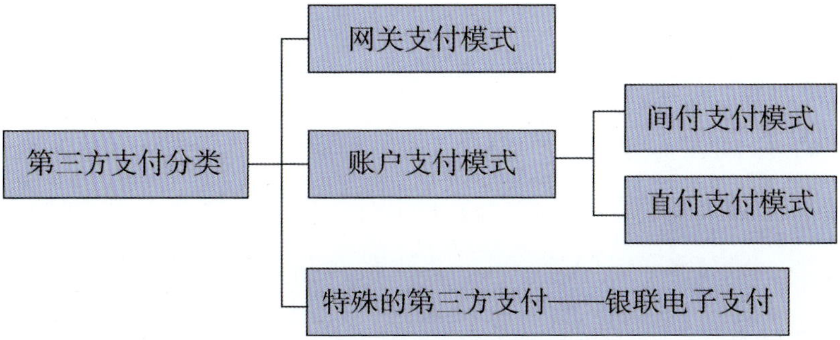

图 6–3　第三方支付分类

从服务对象角度来说，目前我国国内除支付宝（淘宝）、财付通（拍拍）、安付通（易趣）和百付宝等少数几家第三方支付机构属于非独立第三方支付机构外，其他支付机构均属于独立第三方支付机构，不为特定的电子商务平台服务。

从服务特色来看，目前市场上的第三方支付企业都倾向于建立综合服务平台，提供的产品有属于网关支付模式的，也有属于账户支付模式的。故而，从服务特色角度对第三方支付进行分类时，针对的是具体的第三方支付产品。

一、网关支付模式

网关支付模式是指第三方支付平台仅作为支付通道将买方发出的支付指令传递给银行，银行完成转账后，再将信息传递给支付平台，支付平台将支付结果通知商户并进行结算。支付网关位于互联网和传统银行专网之间，其主要作用是安全连接互联网和银行专网，将不安全的互联网上交易信息通过安全转换传给银行专网，起到隔离和保护银行专网的作用。在网关支付模式下，第三方支付平台只提供了银行到用户的简单支付通道，把银行和用户连接起来。

在网关支付模式下的第三方支付机构的特点是：有独立的网关，灵活性大，一般都有政府背景或者行业背景，根据客户不同规模和特点提供不同的产品，收取不同组合年服务费和交易手续费，客户为中小型商户或者有结算需求的政企单位，集中在 B2B、B2C 和 C2C 市场上。但这类机构没有完善的信用评价体系，抵御信用风险能力较弱，增值服务开发空间小，技术含量不大，容易被同行复制。

该模式的典型应用有首信易支付网关支付、易宝支付网关支付等。网关支付模式支付流程见图 6–4。

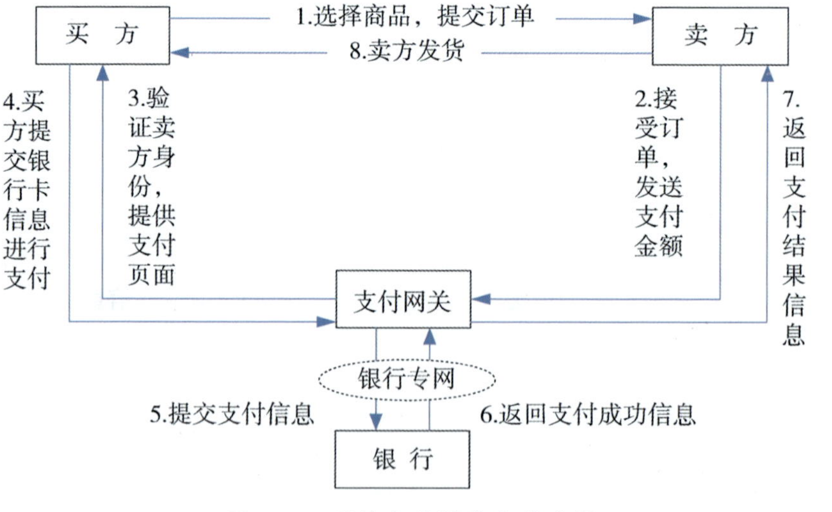

图 6–4 网关支付模式支付流程

网关支付模式资金流向见图 6–5。

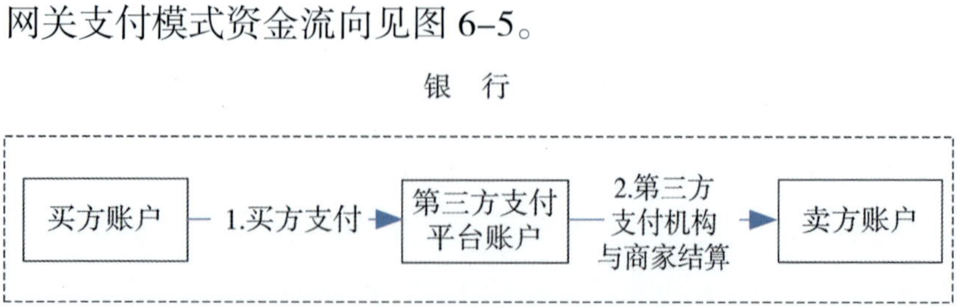

图 6–5 网关支付模式资金流向

二、账户支付模式

1. 直付支付模式

直付支付模式支付流程与传统转账、汇款流程类似，只是屏蔽了银行账户，交易双方以虚拟账户资金进行交易付款。

这种模式典型应用有易宝账户支付、快钱账户支付等。直付支付模式支付流程见图 6–6。

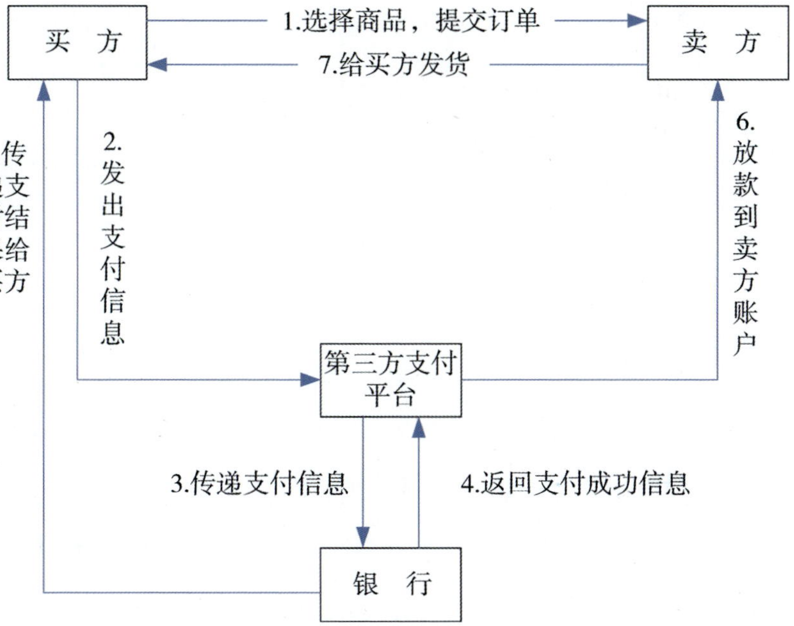

图 6–6 直付支付模式支付流程

直付支付模式资金流向见图 6–7。

第一，买方向支付平台账户充值，实体资金流向：此时实体资金是从买方银行账户转移到第三方支付平台用户清算银行账户。

第二，买方向支付平台账户充值，平台虚拟资金流向：在买方充值成功后，第三方平台增加买方虚拟账户资金。

第三，进行交易时，买方向卖方支付货款资金流向：在买方向卖方支付货款时，实体资金不发生变化，而发生的是支付平台虚拟资金的转移，减少买方虚拟账户资金，增加卖方虚拟账户资金。

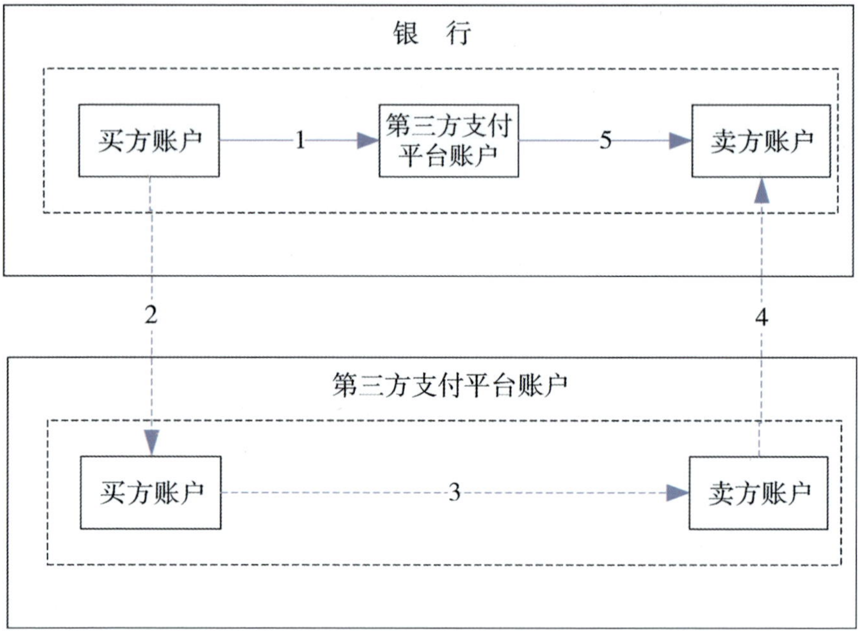

图 6-7　直付支付模式资金流向

第四，卖方取现时，平台虚拟资金流向：卖方取现成功后，第三方支付平台减少卖方虚拟账户资金。

第五，卖方取现时，实体资金流向：卖方发出取现指令时，实体资金从第三方支付平台用户清算银行账户转移到卖方银行账户。

2. 间付支付模式

间付支付模式的支付平台是指由电子商务平台独立或者合作开发，同各大银行建立合作关系，凭借其公司的实力和信誉承担买卖双方中间担保的第三方支付平台。买方选购商品后，使用该平台提供的账户进行货款支付，并由第三方通知卖家货款到达，进行发货；买方检验物品后，就可以通知第三方支付平台付款给卖家，第三方再将款项转至卖家账户。

间付支付模式典型应用为支付宝账户支付。间付支付模式支付流程见图 6–8。

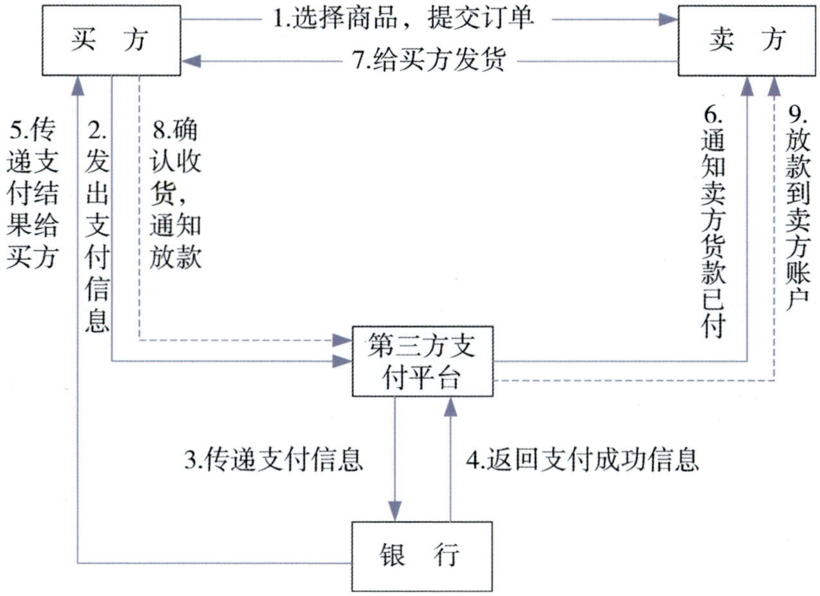

图 6–8 间付支付模式支付流程

间付支付模式资金流向见图 6–9。

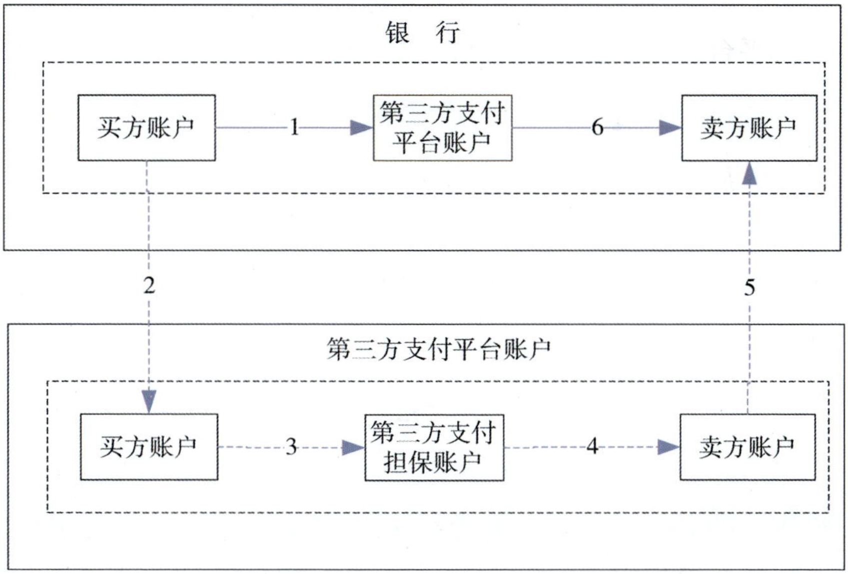

图 6–9 间付支付模式资金流向

第一，买方向支付平台账户充值，实体资金流向：此时实体资金是从买方银行账户转移到第三方支付平台用户清算银行账户。

第二，买方向支付平台账户充值，平台虚拟资金流向：在买方充值成功后，第三方平台增加买方虚拟账户资金。

第三，进行交易时，买方向卖方支付货款资金流向：在买方向卖方支付货款时，实体资金不发生变化，而发生的是支付平台虚拟资金的转移，减少买方虚拟账户资金，增加第三方支付平台担保账户虚拟账户资金。

第四，卖方取现时，平台虚拟资金流向：卖方取现成功后，第三方支付平台减少卖方虚拟账户资金。

第五，卖方取现时，实体资金流向：卖方发出取现指令时，实体资金从第三方支付平台用户清算银行账户转移到卖方银行账户。

第六，当买方收到货物，通知第三方支付平台放款时，实体资金同样不发生变化，只是虚拟资金从第三方支付担保账户转移至卖方虚拟账户。

三、特殊的第三方支付——银联电子支付

银联电子支付平台是中国银联旗下的银联电子支付有限公司提供的第三方支付平台。作为非金融机构提供的第三方支付平台，ChinaPay 依托于中国银联，而且在中国人民银行及中国银联的业务指导和政策支持下迅速发展，因此它是特殊的第三方支付平台。

ChinaPay 拥有面向全国的统一支付平台，主要从事以互联网等新兴渠道为基础的网上支付、企业 B2B 账户支付、电话支付、网上跨行转账、网上基金交易、企业公对私资金代付、自助终端支付等银行卡网上支付及增值业务。

ChinaPay 充分利用中国银联全国性的品牌、网络、市场等优势资源，整合银联体系的系统资源、银行资源、商户资源和品牌影响力，实现强强联合、资源共享和优势互补，将先进的支付科技与专业的金融服务紧密结合,通过业务创新形成多元化的支付服务体系，为广大持卡人和各类商户提供安全、方便、快捷的银行卡支付及资金结算服务。

1.银联在线支付平台方案

ChinaPay 的专业产品 OneLinkPay 是银联电子支付专门研发的针对个人网上支付的在线支付平台方案。它可以一次性连接多家商业银行和金融机构，支持国内主要商业银行发行的各类银行卡，可以实现跨银行、跨地区的实时支付。同时，它针对不同的业务模式，可量身定制支付结算方案; 而且,它采用了先进的安全数据加密技术，可以同时为商户提供安全有效的网络连接、多种支付操作平台和支付工具。OneLinkPay 的支付交易流程如图 6-10 所示。

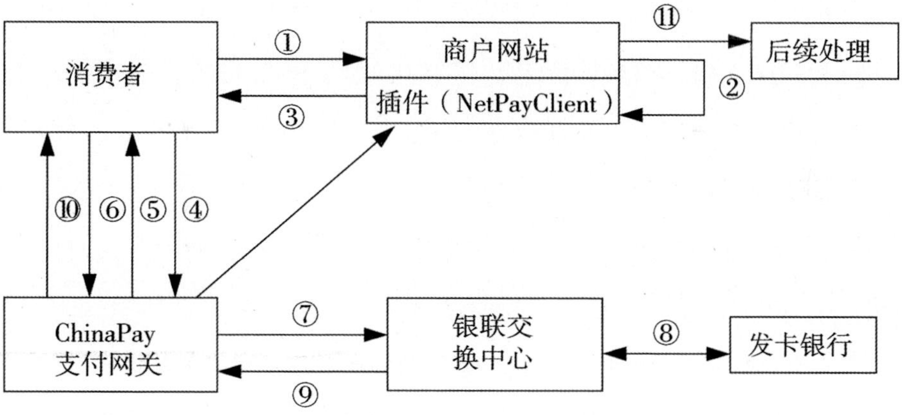

图 6-10 OneLinkPay 支付交易流程

标号①：消费者浏览商户网站，选购商品，放入购物车，进入收银台。

标号②：网上商户根据购物车内容，生成付款单，并调用

ChinaPay 支付网关商户端接口插件对付款单进行数字签名。

标号③：网上商户将付款单和商户对该付款单的数字签名一起交消费者确认。

标号④：一旦消费者确认支付，则该付款单和商户对该付款单的数字签名将自动转发至 ChinaPay 支付网关。

标号⑤：支付网关验证该付款单的商户身份及数据一致性，生成支付页面显示给消费者，同时在消费者浏览器与支付网关之间建立 SSL 连接。

标号⑥：消费者填写银行卡卡号、密码和有效期（适合信用卡），通过支付页面将支付信息加密后提交支付网关。

标号⑦：支付网关验证交易数据后，按照银行卡交换中心的要求组装消费交易，并通过硬件加密机加密后提交银联网络中心。

标号⑧：银联交换中心根据支付银行卡信息将交易请求路由到消费者发卡银行，银行系统进行交易处理后将交易结果返回到银联交换中心。

标号⑨：银联交换中心将支付结果回传到 ChinaPay 支付网关。

标号⑩：支付网关验证交易应答，并进行数字签名后，发送给商户，同时向消费者显示支付结果。

标号⑪：商户接收交易应答报文，并根据交易状态码进行后续处理。

其中，图中的 NetPayClient 是一个安装在 ChinaPay 商户会员一方的应用编程接口函数库 (API LIB)，它与商家网上柜面系统相集成，可以实现消费者、商户和银行间的网上安全支付。它提供的功能主要有：商户对订单进行数字签名，验证加以应答，按订单号查询交易，核对交易明细，核对交易总账等。

2. 企业商务在线支付方案

在企业电子商务发展中，有许多行业如直销行业、物流配送行业、航空电子客票以及大型网站的广告经营等都存在着企业与企业、企业与其代销商之间的资金支付和清算问题。ChinaPay 为企业商务在线支付提供了完整而灵活的解决方案：客户 / 经销商只需登录商户网站选购所需的商品或服务，然后轻松选择 ChinaPay 企业商务支付，便可完成整个支付过程。其支付交易流程如图 6-11 所示。

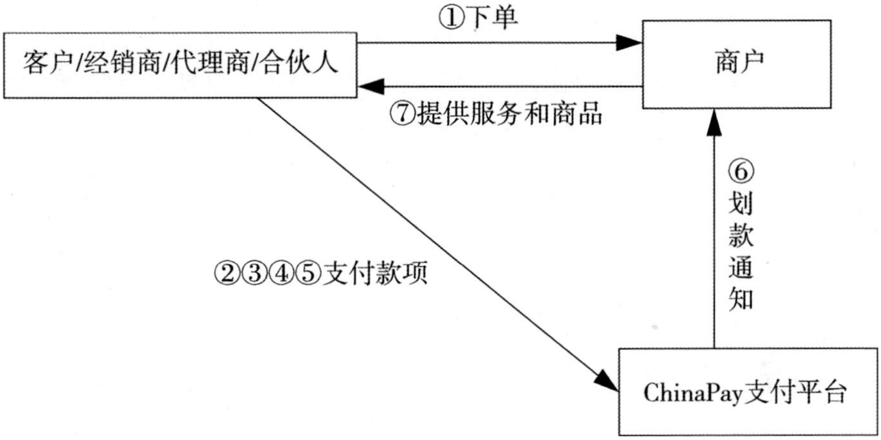

图 6-11　企业商务在线支付交易流程

标号①：客户登录商户网站，订购商品和服务，生成订单。确认支付后，即连接到 ChinaPay 支付页面。

标号②：客户选择支付银行，ChinaPay 平台将自动连接相应的银行支付页面。客户的经办人员根据银行页面的提示，插入网银证书卡，输入企业用户名和登录密码。

标号③：客户登录后，在银行提供的商务支付页面（首次支付需要安装控件）上确认订单信息，选择支付账户和支付商户名称（在客户企业网银上可预先定制管理员直接支付模式或审核支付模式等）。

标号④：审核人员登录客户企业网银，根据预先制定的流程逐级进行审批。

标号⑤：审批完毕，银行划拨资金，支付信息返回给 ChinaPay 平台，并通知客户企业网银。

标号⑥：ChinaPay 平台收到支付信息，并将结果反馈给商户。

标号⑦：商户向客户提供商品和服务。

企业商务在线支付方案在保证资金安全的同时，将信息流和资金流有效地结合起来，规范并且简化了整个交易流程：对于客户而言，只需一次性申请相应银行的企业网银和商务支付业务，便可进行网上的货款支付，可以省去跑银行柜面的时间，也无须其他额外手续，客户乐于接受和使用；对于商户而言，轻而易举就能实现订单和支付货款的绑定,大大节约了传统模式中货款确认的成本,而且，商户还可以通过 ChinaPay 提供的控制台，查询交易明细，统计交易数据，查询银行结算单等。

四、第三方支付的安全问题

分析第三方支付面临的安全问题，主要是依据对第三方支付整个运作过程的考察，确定支付流程中可能出现的各种安全问题，分析其危害性，发现第三方支付过程中潜在的安全隐患和安全漏洞，从而使第三方支付的安全管理能做到有的放矢。概括起来，第三方支付的安全问题主要涉及信息的安全问题、信用的安全问题、安全的管理问题以及安全的法律法规保障问题。下面从宏观层次和微观层次分别进行分析。

1. 第三方支付宏观层次存在的安全风险

（1）信息不对称带来的违约风险　网络经济是一种虚拟的经济形态，交易者无法确切知道交易对手的真实情况和身份。在交易过程中，商品和资金的流动从时间上、空间上都存在着不对称，这些都增加了人们对信息鉴别的成本，使得买卖双方的博弈更加复杂，导致了交易双方的安全感不足。

（2）安全技术风险　一方面，第三方支付服务的核心是在线提供支付服务，产业链中的任何一个环节出现了安全隐患，都有可能转嫁到支付平台上；另一方面，网络技术的变化日新月异，对于提供钱包支付的服务商，其安全性级别不及银行的安全性级别，需要不断投入，时刻监控，对各种纠纷进行应急处理等。根据国外已经取得的实际经验，支付的经营预算中有相当的收入比例是用来解决安全性纠纷的。国内第三方支付机构在几乎没有盈利的背景下，对这种不确定风险的抵御能力不足，经营压力增大。

如何保障交易数据安全是用户关注的焦点，也应是法律关注的焦点。当前，各第三方支付平台使用不同的技术方法拥有庞大的用户数据，如个人档案、交易记录、银行授权资料等，这些数据极其隐私却处于极大的风险中，也没有相应的风险防范与救济手段。提供支付的服务商本应对其提供的支付服务采取相当于银行的安全级别，但事实上，目前并没有法律做出这种要求，也无专门部门就此进行管理。

（3）道德信用风险　在虚拟空间内完成物权和资金的转移，信用问题就显得尤为突出。第三方支付平台存在的信用风险主要是买卖双方对对方信用的怀疑和商家担心来自第三方支付平台的欺诈。买卖交易双方的行为受到必要的约束和控制，是交易顺利进行的前提。

目前，大多数第三方支付公司都采用了二次清算的模式，这就形成了客户资金在第三方支付公司账户中的沉淀。随着用户数量的急剧增长，这个资金沉淀量会非常巨大，第三方支付公司可直接支配交易款项，因而可能发生超越监管而越权调用资金的风险。一旦出现第三方组织携款出逃，对商家和消费者所造成的损失将是无法估量的。

（4）涉及银行业务带来的安全问题

1）沉淀资金　在第三方支付系统中，支付流程是资金先由买方到第三方支付平台，等支付平台得到买方确认授权付款或到一定时间默认付款后，再经第三方平台转手给收款方，这样的支付流程就决定了支付资金无论如何都会在第三方支付平台做一定时间的支付停留。在当下比较流行的第三方支付平台中，一般都有一个结算周期，时间为1周或1个月不等，无形之中加大了第三方支付平台中的资金沉淀，如果缺乏有效的流动性管理，则可能存在资金安全问题，并可能引发支付风险和道德风险。除支付宝等少数几个支付平台不直接经手和管理来往资金，而是将其存在专用账户外，其他公司大多代行银行职能，可直接支配交易款项，这就可能出现非法占用和挪用往来资金，不受有关部门的监管，而越权调用交易资金的风险。

2）洗黑钱、信用卡套现等　非交易平台型账户支付模式的第三方支付公司提供的非交易型支付平台账户资金划拨，以及交易平台型账户支付模式的虚假交易支付平台账户资金划拨，很可能成为资金非法转移套现以及洗钱违法犯罪活动的工具。此外，在税收方面也存在黑洞。如何加强风险监督、打击网上洗钱等犯罪行为，也是第三方支付市场面临的一个挑战。

（5）监管体系不健全　目前，对第三方支付的监管配套法规还不健全、不完备，造成查处问题后定性难、执行难、处罚不严，甚至有“以罚代管”等问题，使得其监管执法大打折扣，难以产生应有的法律威慑力，明显弱化了监管的功效，而且银行监管的内容狭窄。

目前，我国银行监管内容主要是机构的审批和经营的合法性，对第三方支付日常经营的风险性监管相对较弱，在此方面的立法严重滞后，为依法规范和管理市场、保护当事人合法权益、严惩支付违法违规行为带来一定的困难。

2. 第三方支付微观层次存在的安全风险

（1）卖家面临的安全问题

1）入侵者的破坏　入侵者假冒成合法用户来改变用户数据（如商品送达地址）、解除用户订单等。

2）竞争者的信息窃取　恶意竞争者以他人名义订购商品，从而了解有关商品的递送状况和货物的库存情况；或者是被冒名而损害企业的名誉。

3）买家的退货　尽管不存在产品质量问题，但部分买家收货后对货物不满意，找各种理由退货。卖家为了自己的信誉不得不接受退货，与此同时还要承担运费。或者部分买家虽然顺利收到货物，但在确认收货后却不给卖家好评。

4）虚假交易及交易诈骗　在 B2C 和 C2C 模式下，最常见的违约方式是个人在网上注册的信息不真实，下虚假订单，或进行虚假拍卖，操纵交易结果。从另一方面来说，有一部分交易者由于不信任网站对于隐私性的保障，也不会完全把自己的真实信息提供给网站，这也为个人日后取消不想要的交易创造了条件。

（2）买家面临的安全问题

1）虚假信息　在网络经济这一新兴媒体中，发布信息不像传统媒体受到那么多的制约，一般消费者即使已经觉察到信息有误，也很难向发布信息的商家进行追究，甚至根本就不知道商家的地址。而很多网站和支付平台为了吸引交易者，不断简化注册手续和验证程序。因此，一些不良卖家肆无忌惮地在网上发布各种虚假信息，对商品做虚假宣传，致使商品品质、声音、色彩、形状等与实物存在较大差异，借此欺骗买家下订单；部分商家还制造虚假的商品销售排行榜，所谓的让利促销活动等，借此吸引买家或者创造所谓的点击率，以扩大自己的商业影响，谋求经济效益。

2）卖方不履行服务承诺　交易中买家付款后收不到商品，或者即使卖方履行了交易承诺，但是在送货时间、方式或者售后服务、退货等方面没有按照网上的条款或者承诺进行。根据北京消费者协会的投诉统计发现，关于企业不履行服务承诺的投诉主要有经营者不提供票据、产品本身存在质量瑕疵、送货拖沓等方面。由于商品从卖方仓库发出到消费者手中中间要经过配送过程，而很多情况下配送由第三方物流企业执行，因此关于产品污损等质量问题的纠纷解决比较困难。送货拖沓一方面可能是由于不可抗力造成的时间延迟，但是更多的是卖方的诚信意识淡薄，而买方出于投诉成本的考虑对于一定限度内的延迟并不会进行投诉，因此卖方有意延迟发货的现象比较多见。

3）私密性丧失　买家可能将秘密的个人数据或自己的身份数据发送给冒名为销售商的机构。同时，这些信息在传递过程中也有可能受到被窃取的威胁。

五、第三方支付的安全保障措施

1. 宏观层面采取的安全保障措施

（1）制度安全规范　第三方支付平台掌握了大量的用户数据，如身份资料、银行信息、交易记录，这些数据属于用户的隐私，而且可能影响到用户的人身与财产安全。相关监管部门与行业自律组织应对数据的采集、加密、存储、查询、使用、删除、备份等环节制定严格的制度规范或行业标准，确保用户信息不被非授权收集与使用，其安全级别应与银行相当。根据电子签名法，逐步在第三方推行第三方认证，通过权威的第三方认证中心(CA)对数据传输过程加密，保证用户数据不仅在服务器上不会被窃取或非授权使用，而且在开放网络传输过程中也不会被监听破译。在条件不成熟的情况下，应规定第三方支付平台提供支付服务时必须使用一定标准的加密协议，如SET、SSL。这种加密措施应通过有关部门的验证审核。不仅如此，在我国2005年颁布的《国务院办公厅关于加快电子商务发展的若干意见》第十一条中也指出了要建立健全我国电子商务的安全认证体系，并按照有关法律规定，制定电子商务安全认证管理办法，进一步规范密钥、证书、认证机构的管理，注重责任体系建设，发展和采用具有自主知识产权的加密和认证技术；整合现有资源，完善安全认证基础设施，建立布局合理的安全认证体系，实现行业、地方等安全认证机构的交叉认证，为社会提供可靠的电子商务安全认证服务。同时，为保证这些安全规范能够贯彻落实，应规定民法、行政法、刑法上的责任，使商家和消费者权益都能得到有效的保护。

（2）完善社会信用体系　个人诚信调查和网上商户的诚信调查都是开展电子商务的前提条件。作为支付过程中公正的第三方，第三方支付公司多多少少都起到一个信用担保的作用。虽然个别的第三方支付平台搭建了自身的信用评级档案供用户参考，但是整体社会信用体系的完善和提高无疑将会成为刺激电子商务进一步发展的强大动力。建立合理的信用评价指标和评价体系，根据第三方支付业务中涉及的资金和货物的转移，提供和公布公允的信用评定方法，可以在一定程度上约束买卖双方的诚信意识。同时，在第三方支付公司的引导和辅助下，建立多方合作的第三方评级机构，增加对网上交易的制约和约束。

应该加强对银行卡的管理。中国人民银行应加快个人征信系统的建设，加强对发卡执行制度和服务准入的管理，注重从银行卡信息安全、数据加密、系统安全等方面的调研，从银行卡网络及其终端设备上采取安全技术，堵塞漏洞。

此外，还应该建立和完善社会信用体系。运用法律、经济、道德等各种手段来提升整个社会的信用水平，设立完善的信用体系，并制定和完善与之相适应的信用激励和惩罚制度。

（3）加强风险准备　第三方支付承担着保障交易安全与资金安全的责任，面对着庞大的用户群，其风险不再仅仅是企业的经营风险，而是金融风险与经济风险，甚至会演变为社会风险。因此，第三方支付应建立风险准备制度，以作为防范风险损失的最后提防和生存的保障。目前我国只有少数第三方支付公司拥有风险管理体系，但也不完整，风险管理水平也不高。在这种第三方公司不能主动管理风险的情况下，只能由法律规定强制风险准备制度。

（4）加强资金监管　对滞留在第三方支付公司内部的客户资金，通过法规明确其所有权属于客户，严格区分客户自己的资金和第三方支付公司自身的资金，采取类似证券交易保证金账户的监管要求，实行银行专户存放和定向流动，禁止将客户资金用于第三方支付公司运营或者其他目的，明确第三方支付公司在破产等退出市场的情况下对客户资金的保全责任。通过立法明确商业银行在第三方支付市场中的代位监管义务，即对于第三方支付公司开立在银行的支付结算专户，商业银行必须履行相关监管规定，监控该账户的资金流动情况，确保资金的合法使用。

（5）严格市场准入　作为金融监管者，中国人民银行应建立严格的市场准入机制，对第三方支付业务实施有效的监管。2009 年 4 月底，中国人民银行发布公告，要求从事支付清算业务的非金融机构，须在 2009 年 7 月 31 日之前按要求进行登记。网上支付、电子货币发行与清算等都在需要申报的支付清算业务范围之内，这也是中国人民银行首次摸底非金融机构的支付清算业务。此次登记的结果是制定《支付清算组织管理办法》的参考依据。

第三方支付企业的资金和外资比例及盈利状况将作为国家相关部门颁发第三方支付牌照的硬性标准。支付牌照指《支付清算组织管理办法》里关于准入资格的内容。这部分内容大致包括企业的营业资质、盈利状况、风险控制、公司规模、业务范围及安全信用系统的标准规定。《支付清算组织管理办法》中规定，第三方支付企业要拥有完整的安全保障体系和风险控制标准，且外资比例限制为不得超过 25%，每年的净资产率不得低于 95%。

严格的市场准入制度有利于网上支付市场环境的形成和消费者权益的保护，但中国人民银行在第三方支付公司市场准入的审批过程中也应该把握一定的审批标准。

（6）明确法律地位　在电子商务中，第三方支付主体与买卖双方当事人的法律地位的根本区别是它在买卖关系中并不具有直接利害关系，它面向的是不特定的公众，提供的是一种公共性的服务，但又区别于公共服务型的机构，因为其提供的这种公共服务是有偿的，而且由于其技术含量极高，具有自身的特殊利益要求。第三方支付主体是作为商业组织参加到一定的电子贸易过程中的，在这个过程中，它必须对电子商务的安全性、可靠性承担主要责任。在每一项第三方支付交易中，买卖双方与第三方支付主体具有不可分割的依赖性。因此，第三方支付主体不能等同于一般的商事主体，也有别于一般的公共企业。第三方支付主体所提供的服务与金融业务相关，是银行业务的补充和延伸。

2.微观层面采取的安全保障措施

（1）卖家诚信经营　卖家是第三方支付交易中实现诚信的主体，因此全社会诚信意识的树立，卖家必须走在前列，率先建立诚信自律机制。市场经济从某种意义上说就是品牌经济。由于网络的虚拟性，消费者更愿意相信一些信誉好的商家。卖家应该避免短视行为，从长远发展考虑树立品牌战略，建立良好的商业信誉，诚实买卖、合法经营，为客户提供优质的产品和服务，将诚信原则渗透到每个经营环节，走良性循环的道路。

在卖家贯彻诚信经营的过程中，应做到以下两点。

1）切实落实承诺　在第三方支付交易中，卖家履行承诺的能力就是对诚信的最好诠释。卖家应该按照与客户签订的电子合约履行交易，在规定时间内将商品送达客户手中，妥善处理投诉和退货，并在此过程中保证客户私人信息不泄露。

2）提高网络技术水平　良好的安全技术保障措施也是促进信任建立的重要内容。有研究显示，知名度不高的商家，需要利用良好的导航系统和高效的履行能力来争取和获得买家的信任度。企业应该建立方便易用的导航系统，增加页面的友好度，吸引消费者选择其网站商品，同时可靠的安全保障技术也能增强客户的安全感。

（2）买家诚信消费　诚信消费是在人们诚实守信的基础上产生的。个人除了要求企业在支付交易中诚信经营之外，也应该遵守诚信消费的原则，不注册虚假信息，不下虚假订单，注意保持自己的良好信用记录；要采用先进的诚信消费手段，接受电子信用支付模式，并逐渐将这种消费行为演化为习惯。因为这种习惯不仅能够提高支付交易的效率，还能提高人们的诚信意识，推进第三方支付交易诚信机制的不断完善。

在网络购物过程中，要养成为卖家信用评分的习惯，将诚信信息传递给更多的消费者，同时对于第三方支付交易过程中发生的欺诈行为，买家也应该树立自我保护意识，克服“贪便宜”的心理，要善于辨别虚假信息和消费陷阱；当受到不法侵害时，要保留电子证据，及时投诉，让失信者受到应有的惩罚。

第四节　第三方支付平台举例

目前第三方支付机构知名度较高的主要集中在北京、上海、杭州、广东等地区。其中，比较知名的第三方支付平台有支付宝、首信易、云网、PayPal、银联电子支付、财付通、安付通等。本节将介绍电子支付平台支付宝。

一、支付宝简介

1.支付宝平台

支付宝（中国）网络技术有限公司是国内领先的提供网上支付服务的互联网企业，由阿里巴巴公司创办。支付宝致力于为中国电子商务提供各种安全、方便、个性化的在线支付解决方案。

针对国内网络购物市场中买卖双方互不信任的情况，支付宝全球首创了担保交易模式，由买家先打款给支付宝，支付宝通知卖家发货，买家收到货后确认付款，支付宝才将货款打给卖家。通过这样的居中担保方式，支付宝成功解决了困扰国内网络购物发展的诚信问题。一方面，一旦支付环节的信任瓶颈被打破，积累的需求必然转化成强劲的消费增长；另一方面，支付瓶颈打破之后，网上创业成为可能，这令越来越多的人获得就业机会。就业的解决同时增加了很多人的收入，这又为消费市场的振兴提供了根本的动因。

支付宝交易是互联网发展过程中的一个创举，也是电子商务发展的一个里程碑。支付宝品牌以安全、诚信赢得了用户和业界的一致好评。

2. 支付宝用户

支付宝交易服务从 2003 年 10 月起在淘宝网推出，迅速成为使用极其广泛的网上安全支付工具,深受用户喜爱,引起业界高度关注。用户覆盖了整个 C2C、B2C 以及 B2B 领域。2008 年 8 月底，支付宝用户数首次达到 1 亿；2009 年 7 月 6 日，其用户数正式突破 2 亿大关，日交易额达到 7 亿元，日交易笔数达到 400 万笔。这不仅是国内第三方支付公司用户数首次达到 2 亿规模，也宣告支付宝已经超越 PayPal 成为全球最大的电子支付平台。

支付宝庞大的用户群也吸引了越来越多的互联网商家主动选择集成支付宝产品和服务，除淘宝和阿里巴巴外，支持使用支付宝交易服务的商家已经涵盖了虚拟游戏、数码通信、商业服务、机票订购等业务。这些商家在享受支付宝服务的同时，更是拥有了一个极具潜力的消费市场。

3. 支付宝合作伙伴

支付宝以其在电子商务支付领域先进的技术、风险管理与控制等能力赢得银行等合作伙伴的认同。目前已和五大国有商业银行(工商银行、农业银行、中国银行、建设银行、交通银行)，招商银行、上海浦发银行、民生银行、兴业银行等全国性股份制商业银行，上海银行、宁波银行等地方性商业银行，以及中国邮政、VISA 国际组织、BEA 东亚银行等各大机构建立了战略合作，成为金融机构在网上支付领域极为信任的合作伙伴。

4. 支付宝服务功能

借助支付宝平台，客户可以完成以下服务功能。

（1）付款　只需要知道对方的支付宝账户就可以通过支付宝账户或网上银行账户给对方付款。既可以为网上购物付款，也可以为线下购物付款，还可以给同事、朋友或家人付款。

支付宝提供以下两种付款服务方式。

1）担保交易付款　享有支付宝担保，即使与陌生人交易也安全。

2）即时到账交易付款　付款后立即到达对方的账户，付款简单、快速。

（2）信用卡还款　目前，通过支付宝可以为大多数银行的信用卡进行还款。

（3）自助缴费　目前，通过支付宝可以缴纳水费、电费、煤气费，固话费、宽带费、手机话费以及房租等。

（4）收款　客户通过支付宝既可以为网上交易收款，也可以为线下交易收款；既可以向客户收取货款，也可以向同事、朋友或家人收款。

客户只要知道对方支付宝账户就可以向对方收款，支付宝会发邮件通知对方尽快付款到客户的支付宝账户。

支付宝提供以下三种收款服务。

1）担保交易收款　享有支付宝担保，即使与陌生人交易也安全。

2）即时到账交易收款　对方付款后立即到达客户的账户，简单、快速。

3）AA 制收款　为聚会、K 歌等 AA 活动，轻松向朋友集体收款。只要输入参加 AA 活动成员的手机号码和 E-mail 地址，支付宝就能通过短信和邮件提醒对方交 AA 款，真正做到安全、简单、快捷。

（5）短信、邮件提醒　如果客户的账户金额变动，将收到支付宝发送的免费短信提醒。

在以下情况下可以收到邮件提醒：支付宝账户信息变更时；使用“即时到账交易”时；交易即将“超时”时；卖家发货、卖家修改交易价格时，买家将收到信息；当买家付款时，卖家将收到信息。另外，如果需要提醒邮件服务，可以登录“支付宝信使”定制接收的提醒信息项目。

（6）账户管理　对支付宝账户余额、交易信息等进行集中管理。

5. 支付宝网上支付方式

在网上支付时，支付宝支持以下付款方式。

（1）网上银行支付　可以选择支付宝公司提供的银行办卡并开通网上支付业务。在付款时选择相应的银行进行支付操作。

（2）支付宝卡通支付　“支付宝卡通”将客户的支付宝账户与银行卡连通，不需要开通网上银行，就可直接在网上付款，并且享受支付宝提供的“先验货，再付款”的担保服务。可以在网上申请开通卡通服务，或者到银行柜台申请签约，开通卡通服务。

（3）支付宝账户余额支付　登录支付宝账户，对支付宝账户完成充值，充值后就可以使用支付宝账户的余额对交易进行付款了。

（4）信用卡支付　将信用卡开通网上支付功能就可以直接在网上进行大额交易付款。

6. 支付宝安全措施

支付宝的安全中心对客户的账户进行实时安全检查，根据账户的资金情况进行安全性评估，并给出相应的安全设置建议。另外，支付宝还提供了以下安全措施。

（1）设置双重密码　分别设置登录密码和支付密码，只有在涉及确认付款时，才需要输入支付密码，保证资金安全。

（2）设置安全问题　忘记密码也可以通过回答安全问题找回密码。

（3）免费短信提醒　账户信息和资金信息一旦发生变动，可以即时通过短信提醒客户。

（4）安装数字证书或支付盾　即使密码被盗，数字证书也能确保客户的账户资金安全，支付盾是数字证书的升级，更安全。

二、支付宝支付流程

具体的担保交易的支付过程如下：

1. 登录支付宝网站

https://www.alipay.com(或淘宝、阿里巴巴网站)，用手机或E-mail注册支付宝账户。如果已经注册，则登录支付宝账户。

2. 支付准备

根据自己的实际情况，做好支付的准备工作：开通网上银行服务，或者开通支付宝卡通，或者开通信用卡的网上支付功能，或者为支付宝账户进行充值。

3. 进入支付

到淘宝或支付宝的合作网站挑选喜欢的商品，并单击“立即购买”或“去收银台”按钮，进入支付宝支付流程。

4. 选择支付方式

将货款先支付到支付宝；支付宝通知商家发货。

5. 收货付款

收到货物后，经检验无误，则在支付宝中确认收货，输入支付宝支付密码，支付宝将货款划给商家。

三、支付宝与其他第三方支付平台比较

将支付宝与安付通、首信易、云网、易宝几大支付平台在发展情况、所属类型方面进行简要的对比，见表 6–3、表 6–4。

表 6–3　五大支付平台发展情况

支付产品	面市时间	是否收费	服务领域	主要客户
支付宝	2003 年 10 月	免费	C2C、B2C、B2B	企业，个人
安付通	2004 年 10 月	免费	C2C、B2C、B2B	企业，个人
首信易	1999 年 3 月	适度收费	B2B、手机	企业，个人
云网	1999 年 12 月	适度收费	B2B	企业
易宝	2003 年 8 月	免费	C2C、B2C、B2B	企业，个人

表 6–4　五大支付平台所属类型

<table>
<tr><th>项目
类型</th><th>典型网站</th><th>支付工具</th><th>特征</th></tr>
<tr><td rowspan="2">宿主型
（具有交易平台）</td><td>淘宝网</td><td>支付宝</td><td rowspan="2">依托知名网站，自行开发，为客户交易服务</td></tr>
<tr><td>易趣网</td><td>安付通</td></tr>
<tr><td rowspan="3">独立型
（没有独立交易平台）</td><td>首信易</td><td>首信易</td><td rowspan="3">独立于具体网站，只专注于提供第三方支付平台服务</td></tr>
<tr><td>云网</td><td>云网</td></tr>
<tr><td>易宝</td><td>易宝</td></tr>
</table>

导入案例

木马调包支付宝网页 “网购大虾”上当受骗[①]

时下，网购已成为人们常用的购物手段，陷阱也在不断出现，一位有5年网购经验的“网购大虾”，在不经意间落入骗子精心设计的陷阱。

某日下午，贺女士在淘宝网上看中了一件男士夹克。“专柜售价1 200元，这家店铺仅售350元，而且卖家信誓旦旦地表示，绝对是专柜正品，我就动心了。”贺女士回忆，卖家发过来一个文件，称是衣服细节图，让她查看一下“是否和专柜一模一样”。

“我还是第一次遇上卖家如此热情，我想都没想就保存了文件。”她说，奇怪的是，她解压了文件好几次都没成功，根本看不到图片。对于她的疑问，对方也不回答，只是一个劲地催她付款。

下午4点，贺女士按照程序点击支付宝付款时，突然弹出一个页面，出现北京某科技公司的字样，2秒后自动关闭。

“我以为那是弹出来的广告网站，就没重视，便登录网上银行完成付款。很快，手机就收到招商银行发来的网上交易确认短信。”贺女士返回淘宝支付界面，可多次刷新后，商品仍显示“等待付款”。

“钱到哪里去了？”贺女士立即质问卖家，卖家称这是“卡单”，让她再付款一次。这一次，贺女士提高了警惕，不再理会卖家，直接拨打支付宝客服热线。

工作人员了解情况后，当即表示她被骗了，黑客卖家发送的文件是木马，她的钱已被骗子盗取。

① 资料来源：新华网 http://www.xinhuanet.com。

贺女士再次登录淘宝网，发现那家网店已没有任何商品，店主处于离线状态，无法联系。支付宝服务热线表示，不法分子利用木马程序，调包了支付宝网页，贺女士支付的350元被对方盗取，用来购买虚拟商品。

该客服人员表示，最近他们多次接到类似投诉。虽然已经冻结不良卖家的账户，但他们无法追回贺女士的损失。

“我在淘宝购物已好几年，就是因为太熟练而缺少了应有的谨慎。”贺女士表示将报警，也提醒网购一族多加小心。

本章小结

按照第三方支付所依托的第三方支付平台，第三方支付可分为网关支付模式、账户支付模式和特殊的第三方支付三种类型，其中账户支付模式又可分为交易平台型账户支付模式和非交易平台型账户支付模式。每种类型的第三方支付具有各自的支付流程。

第三方支付在宏观上存在信息不对称带来的违约风险、安全技术风险、道德信用风险，银行业务带来的安全问题、监管体系不健全等问题；在微观上主要是商家面临的安全问题和消费者面临的安全问题。相应的安全保障措施也可以从宏观和微观两方面考虑。